RECUEIL GÉNÉRAL

ET COMPLET

DES

FABLIAUX

DES XIIIe ET XIVe SIÈCLES

IMPRIMÉS OU INÉDITS

Publiés avec Notes et Variantes d'après les Manuscrits

PAR MM.

ANATOLE DE MONTAIGLON

ET

GASTON RAYNAUD

TOME QUATRIÈME

PARIS

LIBRAIRIE DES BIBLIOPHILES

Rue Saint-Honoré, 338

—

M DCCC LXXX

RECUEIL

DES FABLIAUX

FABLIAUX

LXXXIX

DU PRESTRE QU'ON PORTE

ou

DE LA LONGUE NUIT

Paris, Bibl. nat., Mss. fr. 1553, fol. 508 v° à 514 r°,
et 12603, fol. 256 r° à 262 v°.

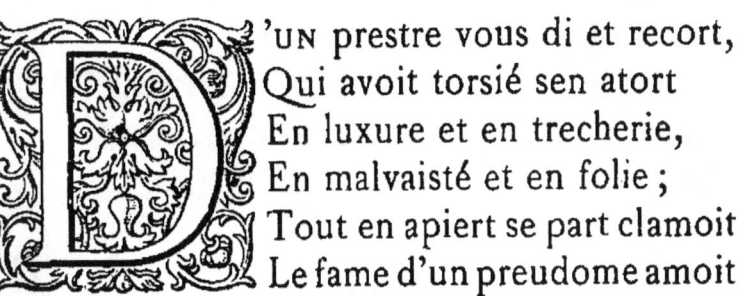'UN prestre vous di et recort,
Qui avoit torsié sen atort
En luxure et en trecherie,
En malvaisté et en folie;
Tout en apiert se part clamoit.
Le fame d'un preudome amoit,
Dont il faisoit mout à blasmer;
Cil qu'il ne s'en sot u clamer
En est dolanz et mout maris,
Si con cius ki n'est pas garis

De mal ki vient de jalousie,
Et c'est la graindre derverie
Del mont, si en vient mains anuis.
Devant Noel, es longes nuis
D'iver, en la plus fort saison,
Met sa femme .I. soir à raison
Li preudom, et dist : « Le matin,
Dame, me metrai au chemin,
Et s'irai .I. mien frere querre,
Qui maint en mout estrange terre ;
Mais je crienc qu'il ne vous dessieche,
Car ne cuic revenir a pieche,
Ne ne sai u il maint de voir.
— Sire, ore puis jou bien savoir
Que ne m'amés ne poi ne grant,
Quant vous m'alés si eslongant ;
Or remanrai chi toute seule. »
Cele, ki le cuer a mout vuele,
Pense tout el qu'ele ne die :
« Suer » dist il, « or ne doutés mie,
Dusc'à demi an revenrai ;
Ains le jour mon chemin tenrai
Por plus me journée esploitier.
— Sire, dont pensés del couchier,
Et si movés sans nul sejour,
Car ja orés corner le jour.
— Bien vous en croi, » fait ses maris,
Qui del sens n'est pas si maris
Que bien ne s'en puist percevoir
K'ele ne disoit mie voir,

Mais il sueffre por plus aprendre.
Et, quant ce vint au congiet prendre,
Ele sovent acole et baisse,
Mais onques n'en passa la haise,
Anchois s'en torne, et cil s'en va
Qui une autre voie trova
Par choi il rentra en son estre.
Ja estoit Bourghès por le prestre,
Qui toute coustumiere en fu,
Et li bains ert ja sor le fu,
Et li capons mis en l'espoi.
Li prestres ariesta un poi,
Qui n'ot soing nul de lui retraire.
Li vilains, por veoir l'afaire,
Ert ja repus en .I. capel,
Quant li prestres vint à l'ostel.
Bourghès en la cambre le mainne :
« Dont venés vous, » fait il, « vilaine?
—Biaus dous sires, biaus dous compains,
Descauchiés vous, entrés en bains.
— Volentiers, dame debonaire. »
Entrés i est sans nul plait faire
Com cil ki aaisier se veut.
Borghès, si com faire le seut,
Est mout preste de son service,
Et la dame s'est entremisse ;
De la tarte tantost li fait,
En se court por des oes s'en vait,
Dont se tarte voloit dorer ;
Et Borghès, sans plus demorer,

Por del feurre ceurt à la grange.
Soingier puet songe mout estrange
Li prestres, ki el bain s'est mis :
Il est ja el baing endormis;
Il cuide estre bien asseür,
Mais il dort à son mal eür.
Mestier li est ke il se gart,
Car li vilains est en esgart.
De lui vengier tost se devoit :
Tantost com endormi le voit,
Et k'il n'a en l'ostel nelui,
Fors seulement le prestre et lui,
Une fort corde a porchacié.
Si li a ens el col lacié;
A .II. mains sache et tire fort
Tant qu'il l'a estranlé et mort.
Vengiés est de son anemi
Dont se feme faisoit ami ;
Ensi avint del prestre fol.
Le loien li osta del col,
Que on ne s'en voit perchevant.
Tost est venus à l'uis devant,
Et cria haut : « Ouvrés, ouvrés.
— Or tost, Borghet, le baing covrés, »
Dist la dame, qui mout s'aïre
Quant ele entent ke c'est sesire.
Borghès, ki à sa dame entent,
.I. linceul sor le baing estant,
Et dist : « Sires, ne vous movés,
Car, se vous estiés chi trovés,

Vous seriés mout mal recheüs. »
Ne dist mot, anchois est teüs
Li prestres, car taire l'estuet,
Com celui ki parler ne puet,
Car il est ja muiaus et sours.
La dame vint à l'uis le cours ;
S'euvre l'uis, lait ens son signor
Qui n'ot piecha joie grinor
Por la viande ke il voit :
« Seur, » fait il, « eürs me devoit
Ceste nuit, tous en sui seürs.
— Sire, encore arés grans eürs,
Car jou l'avoie bien somgiet
Trés dont presistes vous congiet ;
Mi ert avis, et bien savoie
Que jou erranment vous ravroie ;
Por chou ai la viande quisse.
— Vos avés fait com bien aprise,
Que Dieus joie et honor vous prest !
Vés ichi le mangier tout prest.
Hier mangai poi ; hui muir de fain.
Seés dont sor ce fais d'estrain.
J'arai ja atorné mout tost. »
Le capom, ki est cuis en rost,
Li aporte, et cil se rehaite,
Et, quant la tarte est dou feu traite,
Devant lui en met la moitié.
Cele a son afaire choitié
Qui durement grant paor a,
Car li vilains riens ne gousta

De vin, por le mien essient,
N'en vausist mie por nient
Se feme avoir .iiii. sestiers.
Tant manga com li fu mestiers,
Et puis si est el lit alés.
Mais ne se chouca pas dalés
Sa fame qui au prestre vint,
Dont mout sovent li resovint,
Car de fin cuer aimme et desire :
« Comment vous est il, biaus dous sire ?
Mout avés esté mal servis :
Car fust ore escorchiés tous vis
Mes faus vilains cui je n'ain point,
Quant revenus est en tel point !
Vif diable l'ont raporté ;
Mout vous avons mal deporté
Et jou et Borghès me mescine. »
Dont met sa main sor la poitrine,
Et voit k'il ne li respont mot :
— Hé, Dieus, k'esche dont ? Nès .i. mot ?
Mes dous sires, mes dos amis,
Vos estes por chou engramis
Que plus tost ne sui revenue ;
Mais voir si corte m'a tenue
Mes vilains, k'il ait mal dehet !
Cui mes cuers et cui m'ame het,
Que revider ne vous ossai.
Nanporkant toute ma cose ai
Si areée et si porquisse
Que preste sui de vo servisse,

Que vostre amors est bien en moi.
Que ne parlés vous dont à moi,
Biaus dous sires, biaus amis dous?
Qu'esse ke ne respondés vous ? »
Cele parole et chius se taist,
Et cele priès de lui se traist ;
Si l'acole, chateille et boute,
Car prisse li est une goute
Dont il mout tost se respassast
Se il ses rains li retastat ;
A cele fois i a fali.
Borghès i est venue a li,
Si dist : « Dame, quel le ferés ?
Dites se vous vous baingnerés
Avuec cest cortois capelain :
Laissiés dormir vostre vilain
Qui n'a mie le ventre vuit ;
Mout a ore plus de deduit,
Biaus sire, en vous ke en tel mil.
— Hé, Borget, il me tient si vil
Que il ne me daigne respondre.
Bien cuic morir et de duel fondre
Quant jou li ai m'amor donée,
N'encor ne m'a nès regardée. »
   Li preudom, ki fait la dorvelle,
Escoute et entent et orelle ;
Esgarde, si perçoit et voit
Comment se feme se dervoit,
Et nanporquant nul mot ne sonne.
En mainte maniere araisone

La dame son ami le prestre :
« Qu'esse chou, sire, que puet estre ?
Ne poés vous ouvrir les ieus ?
Borget, ausi me consaut Dieus,
U cis prestres est deshaitiés,
U il est trop mal affaitiés,
Car il respondre ne me daigne;
Mais je cuic, entreus k'il se baigne,
Li est li parlers deveés.
— Dame, » dit Borget, « me creés;
Il ne soumelle, ne ne dort.
Se onques connuc home mort,
Dont saciés ke il n'est pas vis;
Esgardés comme il a le vis
Pale, descouloré et taint,
Et ja li sont li oel estaint
Ens el cief, et ce n'est pas doute.
Se il veïst ni oïst goute,
Cuidiés vous qu'il ne respondist ?»
La dame entent ke voir se dist;
Si est de duel et d'ire plainne,
C'on n'i sent ne pous ne alainne,
Et bien perchoit que il est mors :
« Lasse, que ferons nous del cors ? »
Fait dont Borghès ki est viseuse,
« Li doulousers seroit huiseuse,
Ne riens n'i puet on conquester ;
Dame, laissiés le plait ester,
Et si esploitons nostre afaire.
Savés ke bon seroit à faire

Por laides paroles abatre ?
Avainne avons chaiens à batre ;
Prendons le prestre esnel le pas,
Et si le reponnons el tas,
Que nel parchoive vos barons ;
Tressi adont que nos arons
Mileur fin que jou le desir,
Et en apriès irons jesir :
C'est li mieudres, à dire voir.
— Borghès, vous avés dit savoir,
Ne jou n'i met nul contredit. »
Ensi fisent com ele dit ;
Le prestre de l'avainne acuevrent,
Et après au dormir recuevrent.
  La dame, d'anui enlachie,
Est dalés son mari glacie,
Qui fait ansi ke s'il dormist,
Car onques .I. seul mot n'i dist,
Et si a tout veüt lor estre.
Bien set k'en l'avainne est li prestre,
Qui mout fu fel et orgellous.
Et ausi, com tous somellous,
Tantost com se feme se couche,
Si li dist : « Biele amie douce,
Mout me poise ke nous n'avons
Deniers, car nos voisins devons ;
Il seroit mais bien tans à rendre.
Faisons demain et batre et vendre
Cele avainne de no capel,
Car jou en veul vuidier l'ostel.

Si en vuel prendre de l'argent ;
On doit trés bien paier la gent
De cho, quant on l'a acreüe.
— Ha, sire, d'avainne batue
A encor tant en nos greniers
C'on en puet prendre assés deniers :
.III. muis en avons, voire quatre.
A ke faire feriés vous batre ?
Faites vos greniers entamer.
— Biele suer, bien vous doi amer,
Se vous le dites por le mieus ;
Mais demain, foi que doi mes ieus,
Ferai jou batre toutes voies,
Et que vauroient longes broies,
Se vous le me desconsilliés ?
Jou seroie tous avilliés,
Certes, se por vous le laissoie.
Dieus doinst que ancore me croie
De cose ki tourt à droiture ;
Si fera on par aventure,
Car ceste fois n'en feroie el :
Taisiés vous, car il n'i a el,
Car ki se taist, il se repose. »
La dame plus parler n'en ose,
Si se porpensse en mainte guisse :
« Hé, Dieus, » fait ele, « el cuer m'est prise
Tel dolor ki m'estuet lever.
Avis m'est ke doie crever ;
Li cuers me fent en .II. moitiés.
— Ha, biele suer, car vous couchiés ;

Levés vous por santé avoir.
— Sire, vous dites droit et voir,
Car el lever gist la mechine. »
Tantost s'en va à sa mescine,
Mot à mot li dist et despont
Comment ses vilains li despont
Que demain vueut batre s'avainne :
« Et chou soit ore à pute painne
Qu'il nous fait ensi travillier.
— Dame, bien vous sai consillier,
Voire si mes consaus vous plaist,
Car de chou dont painne vous naist
Serez vous cuite hatieument,
Et si vous dirai bien comment.
Le prestre hors del tas ostés,
Et en cel grenier le boutés
U li avainne batue est;
Ne sai milor conseil ke cest.
— Borgès, à chou est mes acors. »
Hors del tas bouterent le cors;
Ou grenier l'alerent muchier,
Et après s'en revont couchier.
 Li predom voit tout et consent.
Lues com lés lui sa feme sent,
Si li dist : « Biele douce amie,
Je ne vous os courrechier mie;
Je me sui or reporpenssés
Vo bon ferai et tout vos sés,
Car bien sai ke raison i a.
Cil ki anchois me maria

M'emma d'amor droite et parfaite.
Or est ensi, puis k'il vous haite,
Que jou demain ferai vuidier
L'avainne qui est el grenier,
Et si en ferai deniers prendre.
Celle à batre laissiés à vendre,
Puis k'il vous siet et atalente.
— Sire, mais metés le à vente
Et le batue retenés,
D'autre consel ne vous tensés.
— Par mon cief, dame, non ferai ;
Celi dou grenier venderai,
N'onques n'i metés contredit.
— Ahors, sire, vous aviés dit
Que celi del tas venderiés
Et le batue reteniés.
Qu'est chou ? Ne savés vous voir dire ?
— Dame, jel vous veul contredire,
Quant vendre vauc celi en garbe ;
Or est ensi ke par ma barbe
Que de moi n'iert vendue mais,
Et saciés por voir ke je lais
Por vostre voloir acomplir ;
Mais nos greniers vuel desemplir,
Comment ke li afaires tourt.
— Ha, sire, je voi cele court
Waste de pesait et d'estrain ;
Se vous faisiés batre demain,
Nos bestes i aroient preu,
Qui ont or à mangier mout peu,

Car grant disete ont de fourage.
— Biele suer, plainne estes d'outrage ;
Quant por noient vous travilliés,
Car or me sui si consilliés
Que jou de vostre volenté
Ne ferai cier tant ne plenté ;
Por vous n'en feroie noient ;
Mout estes de fol ensient
Quant nule parole esmovés.
— Certes, sire, vous vous provés
Mout anieusement enviers moi,
Et si ne sai raison por choi ;
S'en sui en grant ire esmeüe
Si k'au cuer m'en est ja cheüe
Si grans dolors, ce m'est avis,
Que fors del cors me soit ravis
Li cuers à force et esraichiés.
Mais tant de veritet saciés,
Biaus sire, se il peüst estre
Que volentiers parlasse au prestre,
Bien voel me confessaisse à lui ;
Ains mais si atainte ne fui,
Mes maus me painne durement.
— Dont vos levés hastéement ;
Alés à Borget de rechief,
Si vous estraindera vo cief,
Voire se mestier en avés.
— Certes, sire, mout bien savés
Que boins m'est, et Dieus vous le mire. »
Levée s'est sans plus à dire,

Tost est à Borget revenue
Et à li concille tenue
De quanques elle avoit oï.
Borget point ne s'en esjoï,
Qui escoute tout et entent :
« Dame, » dist ele, « mes cuers tent
A .I. consel, se on le fait,
Que cuite serons de cest plait.
Ichi priès de nous a .I. iestre ;
Anter isseut mes sires prestre
Chiés .I. voisin, je vous di voir ;
Illuec, se nous faisons savoir,
Dame, erramment le porterons,
A son huis droit l'apoierons.
— Ensi me siet il, biele amie. »
 Ou grenier nel laissierent mie ;
Il le trainent hors par les bras,
Et reviestirent de ses dras,
Et recauchierent tost, et puis
L'enquierkierent et portent à l'uis ;
Se l'apoient tout en estant.
Nient n'i fissent ne tant ne quant,
Mais durement i ont hurté,
Puis repairent à sauveté
En leur hostel et couchent soi.
Et li predons est en effroi,
Qui à son huis oï la noise ;
Saciés bien ke point ne s'acoise,
Mais mout s'en aïre, et tous nus
Se lieve et est à l'uis venus.

Ouvert l'a, mais mout s'esbahi
Del prestre ki sor lui chaï.
Quant sor lui le sent trebuchier,
Se feme commenche à huchier :
« Alume, » fait il, « biele suer,
Car je te di ke à nul fuer
N'ot onques mais paor grignor.
Vés ichi ne sai quel signor
Qui sor moi s'est laissiés verser.
Ne sai où il suet converser,
Mais d'itant sui seürs et fers
Que il est u prestres u clers,
Ou auchuns rendus d'abeïe,
U il a par sa genglerie
Ceste noire cape empruntée. »
Cele a le candoille alumée,
Et voit jesir tout estendu
Celui ki mie n'a entendu
Quanques on li a demandé :
« Et qui vous avoit or mandé,
Sire chanlans, c'or le me dites?
Vous n'estes mie fins hermites ;
De chou sui jou tout aseür.
Et ke c'est? Querés vous eür?
Mieus vous venist iestre à l'ostel.
Et qu'est chou ? Ne dirés vous el ?
Dites nous au mains ki vous iestes,
Nous tenez vous ore por biestes,
Se vous ensi nous escapés
Puis ke vous iestes atrapés?

Ha, quel chanlant et quel larron ! »
La dame dist à son baron :
« Sire, je cuic bien ke il dort.
— Anchois le cuideroie mort,
Biele suer, car, quant il chaï,
Ainc mot dire ne li oï;
Car, se il fust de vie plains,
Au mains, je croi, se fust il plains
Qu'il eüst auchun menbre frait. »
Cele plus priès de lui se traist;
Si l'a au vis reconneüt :
« Malement somes decheüt,
Biaus sire, por voir le puis dire,
Car chou est no prestres, no sire,
Qui chaiens repairier soloit
Et à nous juer se voloit,
Si com il faisoit mainte fie;
Chou ne fu pas par estoutie
Que il avoit à l'uis urté,
Mais par sa grant maleürté
Il estoit apoiiés tout drois.
Ce n'est mie raisons ne drois
S'auchuns nous en het ni en coupe,
Sachiés ke nous n'i avons coupe;
Mais on ne puet sans annui vivre.
Faisons tant qu'an soions delivre,
Entreus ke on faire le puet;
Bien savés vous ke on enfuet
Les gens, puis ke vie leur faut.
Hastons nous, car se Dieus me saut,

Se nous estiemes percheüt,
Nous seriemes tout decheüt :
Car on diroit, et à grant tort,
Que por le sien l'ariemes mort.
Maintes gens sont ke on sordist
Que li drois pas ne warandist,
Car li drois en maint liu s'oublie.
Tiere avons noviele fouie ;
Portons i cest cors enfouir
Por honte eskivier et fuir. »
Tant li a sa feme enorté
K'à chans a le prestre porté
Là u enfouir le devoit.
Lés un fossé passe, si voit
Une jument paissant au fons ;
Li fossés n'iert lés ne parfons,
U li jumens paist en celée.
Illuec gisoit, tieste clinée,
.I. vilains ki entour son brac
De son cavestre ot fait .I. lac,
Por se jument tenir plus choie.
Chius ki portoit le prestre en voie,
Arieste lés le jumentiele.
Si qu'il ne muet ne ne canchiele,
Assiet le prestre en es estriés,
Ne n'i fist mie senestriés,
Car le piet en cascun li met;
De plus faire ne s'entremet,
Ains s'en retorne en bone pais.
Quant li jumens senti le fais,

S'ele crole n'est pas mervelle;
Li homs tous esmaris s'esvelle,
Car li cavestres le semont.
Ses ieus euvre, si garde amont;
En le siele trueve celui
Qui n'a pas paor grant de lui.
Car il cuide certainement
Que li vuelle enbler se jument :
« Qu'esse, » dist il, « preudome, à gas?
Par mon cief ne l'en menrés pas;
De folie estes entremis;
Ne sui mie si endormis
Q'ensi l'en puissiés en mener :
Ailleurs vous convient assener,
Car chi n'est mie vos esplois;
Mais vous le comparés anchois
Que vous soiés de moi partis. »
A .II. mains prent tous aatis
Sa machue qui forment poise,
De grant vigor fiert et entoise;
Entre col et capiel l'ataint,
Si qu'il l'abat; mais cri ne plaint
Li prestres ne giete au chaïr.
Chou fait le vilain esmarir,
Qui de grant cop ferir se paist,
Mais mervelle a quant il se taist.
Quant de ferir fu tous lassés,
.I. petit est avant passés
Et le caperon li sulieve,
Et bien saciés que mout li grieve

Tantost com il le reconnoist :
« Hé, Dieus, » dist il, « se il me loist
De chest grant tort fait repentir,
Grans ahans en vaurai souffrir
Por tant que je cuites en soie.
Dieus, por choi nel reconnissoie,
Le prestre ki si est vaillans ;
Trop ai trové mes ieus faillans
Quant il ne fu reconneüs.
Se chis afaires est seüs,
Tous li mons me devra huer ;
Le deüst on por chou tuer
Qu'il estoit montés sor ma bieste ?
Chou fu et par giu et par fieste
Sans faille qu'il i fu montés.
Hé, Dieus, par les vostres bontés,
Comment en serai jou delivres ?
N'encor n'en sui je pas si ivres
Que jou le laisse ichi gisant,
Car bien sai k'auchun trespassant
Acuseroient cest meffait. »
Le prestre a assis entressait
En le siele de se jument,
Et deriere.est montés briément ;
Sa voie acuelle et si s'atire
D'esrer vers une chimentiere.
Li jumens qui endeus les porte,
S'est adrecie enviers le porte
Del chimentiere, et en milieu
Ot .i. mostier viel et entiu.

Lés le chavet de cel moustier
I eut larrons qui del mestier
D'enbler souvent s'entremetoient.
.I. bachon en .I. sac wardoient
Que il enblé avoient lors.
Quant il parchoivent chiaus de fors,
Si cuidoient iestre apercheü;
Dient ke il sont decheü;
Del tost aler caschuns s'afaite,
Car il cuident ke on les gaitte.
Au fuir se sont eslaissié,
Mais lor bacon ont tout laissié
Entreus ke le fuir maintienent.
Dusc'à moustier lor voie tienent
Li vilains et li prestres mors;
Illuec a descendu le cors,
U il a le saic parcheüt,
Ne se tint mie à decheüt,
Car le saic voit ki illuec gist;
Fors del sac le bacon saisist,
Et erramment l'end a gieté,
Et le prestre a dedens bouté,
Et dist ke por nule aventure
Ne querra autre sepulture,
Mais ore en soit ke estre en puet;
Le saic reloie et puis s'en muet,
Mais atout le bacon s'en part,
Qui i claime ke milor part;
Si l'en a avuec lui porté.
Li laron sont reconforté,

Quant il voient que nus ne sache.
Erramment entrent en le trache ;
Si sont au moustier retornet
Là dont u estoient tornet,
Et bien saciés, à dire voir,
Qu'il cuident lor bacon ravoir.
Quant il ont le saic retrové,
Li uns l'a à son col levé,
Et dist k'ains bacons si corsus
Ne fu mais, « et s'est mout ossus, »
Dist li autres qui le portaste.
Andoi s'en viennent en grant haste
Droit à l'ostel d'un tavrenier,
Qui maille avoit à lor denier.
A l'uis viennent, et on lor uevre :
« Signor sergant, et de ceste uevre, »
Dist li ostes, « comment vous est ?
— Par Diu, chi a poi de conquest,
N'i a ch'un bacon de gaains.
Or aparilliés, biaus compains,
Que nous tost à mangier aions ;
Nous somes gens qui bien paiions ;
Ja en nous n'averés damage.
— Signeur, » fait il, « et del fromage,
De cho poés vous estre asseur,
Et dou vin froit et cler et pur
Vous donrai, sans longe bargainne,
Qui crut en crume de montaigne
Si haus com li solaus i lieve,
.II. liues ains ke l'aube crieve.

Ne vendi piecha teus denrées ;
Et si avrés des carbonées
De che bacon, se il vous siet.
— Biaus ostes, mais k'il ne vous griet,
Hastés vous, se tant nous amés ;
Mon voeil, fust il ore entamés,
Mout avons salée viande. »
Li ostes .i. cautiel demande ;
Au saic vint, si l'a deslachiet
Et dedens a son braic muchiet
Por le bachon atraire fors.
Quant il en a senti le cors,
Par le piet a en haut sachiet :
« Hé, Dieus, » dist il, « bacon cauchiet
Ne vi onques jour de ma vie.
Signor, se Dieus vous beneïe,
U presistes vous tel conquest ?
Se Dius bien et honor me prest,
J'en veul savoir la verité
Dont vous l'avés chi aporté.
Bien voi ke vous m'alés trufant ;
Vous me cuidiés por jovene anfant,
Qui ensi me cuidiés truffer :
Mais je vous cuic tel baing cauſer
Dont vous avrés mout chaut as costes.
— Hahors » dist li uns, « biaus dous ostes,
Qu'esse ke vous nous demandés ?
Certes, se vous le commandés,
Nus n'i avra part se vous non.
Me part et le men compaignon

Vous otroï debonnairement,
Et si vous di, tout vraiement,
Que vous poés tout no conquest
Veoir en cest saic ki là est;
Nous n'i avons el gaaniet.
— Trop me cuidiés mal ensaigniet,
Fil à putain, predome à tort,
Qui volés que d'un home mort
Dire ke ce soit uns bacons;
Mout a en vous malvais bichons
Que chi avés or aportet;
Mais ja n'en serés deportet
Que demain ne vous faice prendre,
Se vous errant sans plus atendre
Mon ostel ne m'en delivrés;
Ne sui mie si enivrés
Que me puissiés à ceste fie
Por lanterne vendre vesie :
Trop me cuidiés or fol prové.
— Qu'esse dont? K'avés vous trové,
Biaus ostes? Dites vous à gas?
— Par mon cief, je ne gabe pas,
Porés vous chou ja perchevoir. »
Hors del saic pour prouver le voir
A escons le prestre briément:
« Ha, Dius, » font li laron, « comment
Nous est ensi or avenut?
De nous ont lor chiflois tenut
Li diable ki nous ont soupris.
U avons nous tel home pris?

Nous ne savons dont il nous vient,
Et nonporquant bien me souvient,
.I. bacon el saic nous mesismes,
Quant nous l'anblames et presimes ;
Ne sai dont cis hom est venus.
— Je seroie ja bien venus, »
Fait li ostes, « se vous creoie.
Hé, Dieus, ques je vous cuideroie !
Que mal dehait ait k'il vous croit !
Se ma lange ne me recroit,
Je vous ferai demain deffaire.
— Biaus ostes, bien le poés faire,
Nous somes bien à droit traï,
Dehait qui onques vous haï !
Se vous nous haés, c'est à tort,
Il nous est meskeü mout fort :
En maint liu somes habatu,
Dites nous viaus queus hom il fu,
Sire biaus ostes, nous ne savons,
Car grans mervelles en avons,
Mien ensient, ke vous n'aiés,
Vous nous avés mout esmaiés.
Se Dieus nous aït de nos cors,
Nous ne savon cui est li cors,
N'encor n'en somes garde pris,
Tant somes d'anui entrepris ;
Mais alummés .I. poi avant. »
Li ostes si s'en vient devant,
Si le voit et connoit au vis :
« Par mon cief, » dist il, « or va pis,

C'est nos prestres, ce n'est nus nois,
A ceste plaie le connois
Que il a desous le sorcil.
Livré serons à grant escil
Se de chi tost ne le m'ostés.
— Nous ferons chou ke vous vaurés,
Biaus sire. — Mais, por Diu merchi,
Dont le m'ostés bien tost de chi,
Mais vous le me fiancherés
Que sans faille le penderés
Là droit u le bacons fu pris,
U vous serés tempre repris
Et mis el conte des pendus,
Se mes dis n'en est estendus.
— Nous ferons, sire, vo plaisir. »
Errant vont le prestre saisir.
Quant à tel offre sont venu
Atant ont le chemin tenu,
Que devant iaus la maison voient
U le bacon enblé avoient.
De tost aler trestout se pruevent,
Mais mout lor must ke fremé truevent
L'uis ke troverent estre clos.
Errant ont .I. pailleul desclos
Et si fissent .I. tel pertruis,
Ensi k'en la matere truis,
C'uns muls i entrast espaignois ;
Le prestre ahergent demanois,
Sel traient dedens le maison :
Ne li fisent gaires raison

Quant le pendirent là tout droit,
Où li bacons ert orendroit,
Ains qu'il l'en deüssent porté.
Lor oste ont mout reconforté,
Que ja avoit tant atendut,
Que il ont le prestre pendu.
Tout troi font bien ke faire doivent
Qui plaident et vellent et boivent,
Toute la cose à point lor vint.

Droit en la vile u cho avint,
Avoit .I. vesque cele nuit :
Ne cuidiés pas ke mout n'anuit
As moines ki en la vile erent ;
Car le veske sen frait livrerent,
Qui venus est à mout grant route ;
Et sa mainie ki ert gloute,
Mout anuieusse et mout coustans,
Et on voit avenir tous tans
C'on fait d'autrui larges corroies ;
Et plenté boivent toutes voies
Boin vin fort, ke li ceneliers
Avoit fait metre en ses cheliers :
Bien en ont lor volentés faites.
Et quant les napes furent traites,
Li evesques en vait el lit :
Huimais n'a soing d'autre delit.
Il avoit .I. sien cambrelenc
Qui le dos d'un salé hierenc
Amoit mieus mout c'un luc refait.
Et savés vous ke che li fait ?

Li sorboires k'il a apris
Es celiers as moines a pris
De lor fort vin plain. ii. bareus :
Il vuellent boire tout par eus,
Mais or n'i eut autre gent part.
Atout le vin d'iluec se part
Li cambrelens, lui chinc o soi,
Unes gens ki ont adiès soi,
N'onques ne sont de vin soupris,
Car il ont bien le boire apris.
Trestout ensamble droit en alerent :
Chiés .i. ostel lor cheval erent,
Qui mout lassé sont et estrait.
C'estoit en l'ostel entresait
U li prestres à .i. brachon
Ert pendus en liu de bacon.
Iluec tout droit sont adreciet,
Mais leur oste trueve chouciet
Cui il n'anuie ne ne grieve
Quant il de son lit se relieve,
Car il lor fait mout lie chiere
Ne lor monstre en nule maniere
Vilain sanblant ne contredit.
Li uns des .v. à l'oste dist :
« Ostes, .iii. dés et .i. brelenc ;
Vés ichi nostre cambrelenc
Qui chi se veut solacier.
— Certes mout ai son solas chier :
Que il soit mout trés bien venus !
Se vous estiés .xl. u plus,

Si feroie jou à cascun
De bien servir sanblant commun,
Selon cho ke faire poroie :
Chains estes de bone coroie.
— Biaus ostes », dist li cambrelans,
« Ne jou ne serai mie lens
De deservir, se lius en vient ;
Mais savés vous ki nous convient ?
Qu'aucune viande salée
Nous cuisiés tost sans demorée,
Por ces bareus de vin gaster ;
Et si vous pensés del haster,
Con bons ostes de bien apris.
— Carbonées, fromage, oes fris,
Singnor, de chou vous puis aidier.
— Biaus ostes, c'est à souhaidier ;
Nous ne querons autre viande.
Outrageus est ki el demande
Por tant qu'il puist avoir tel mès.
Poison salé et poison frès
N'ain jou pas tant de la moitiet,
Car el mont n'a milor mangiet
Que carbonées de bacon.
— S'en avrés, signor, affuisson ;
Car por vous ert mout volentiers
Entamez ja .I. tous entiés,
Qui lassus est à celle feste. »
Li ostes qui plus n'i arieste
Monte là u li prestre pent ;
Mout s'esmervelle quant il sent

Le souplit et le cape noire :
« Dieus ! » dist il, « c'est cape à provoire
Que je senc chi entre mes mains,
U chou est faarie au mains,
U c'est autre senefianche ;
Ains ne fuic mais en tel balence
De nule rien jour de ma vie.
Par mon cief, bacon n'estes mie ;
Ques diaubles l'eüst vestu ? »
Son brac estent, si a sentu
Ses piés, et tous chauchiés les trueve :
« Hé, Dieus », dist il, « iceste treuve
M'a de mon sens si destorné.
U a cis canlans sejorné,
Que j'ai ichi trové pendant ?
Tes novieles vois aprendant,
Onques en tiere de Bretaigne
N'en avint nule si estrange,
Nan voir, ne là ne aillors onques.
C'est uns hom, que cho seroit donques ? »
Il sent ses piés, ses bras, son cors ;
Mais il ne cria pas ahors,
Qu'il le saroient ja .I. cent.
Sans plus dire d'iluec dessent,
Que onques nus sanblant n'en fist,
Mais itant à ses ostes dist :
« Singnor, » fait il, « entendés moi,
Enganés sui, savés por choi ?
Il est voirs, ke trés samedi
Ma feme no bacon vendi.

S'en sui dolens et escarnis;
Toutes voies me sui garnis
Des ore dusqu'à l'an renuef,
De car de monton et de buef :
C'est bon por faire carbonées,
Mais k'eles soient bien salées ;
Jamais ne me creés de riens.
— Ostes, chou est eürs et biens. »
On leur a aportée lues ;
Apriès eurent fromage et oes
Et fruit atant ke plus n'en ruevent ;
Et quant il vont chocier, si truevent
Leur lis, si bien estoient fait,
Lors si se choucent à tout fait.
Tantost comme dormis les voit
Li ostes, ki grant paor avoit,
Monta warnis d'une candoile
Por esgarder le grant mervelle
Dont il formant se desconforte;
Por chou le candoile avuec porte;
Connoist le prestre sens demeure :
« Honnie soit, » dist il, « li eure,
Dans prestres, ke vous fustes nés!
N'iestes mie bien asenés,
Car j'ai à vous mout grant descorde. »
Errant a caupée la corde
Dont il ert ens el col loiiés ;
A la tiere dure est glaciés,
Car nus nel soustient ne requieut.
Il leur enkierke, et si akieut

Sa voie au plus tost ke il puet
Vers l'atre u on les gens enfuet.
Ichis atres, ne doutés mie,
Seoit droit devant l'abeïe
U li evesques iert couchiés;
Li vilains s'i est adrechiés
Entreus ki vient grant aleüre,
S'a choisie par aventure
La porte, et il dedens se met,
De grant boidie s'entremet;
La cambre au prieus voit ouverte,
Bien li devoit torner à perte
Que nus adont ne le wardoit.
Le lempe qui dedens ardoit
Le vilain droit à l'uis amainne,
Entrés i est, et ist de painne,
Car droit à le huce au prieus
Met le prestre luxurieus
Et mout vuele, quant il fu vis.
Le huge reclot, mais envis
Sejournast illuec longement :
Retornés en est liement,
Car ses dues est mout esclairiés.
   Quant li prieus est repairiés,
Sa huge ouvri por dras ataindre,
Mais li vis li commenche à taindre
Quant le prestre illuec a trové :
Lors a son hardement prové
Dont il n'a en lui nès itant,
Que remanoir puist en estant,

Ains chiet à le tiere pasmés.
Lors s'est mout durement blamés,
Quant li cuers li est revenus :
« Or sui je plus couars que nus, »
Dist il, « puis ke pasmer m'estuet
Por .I. home ki ne se muet ;
Or m'estoit trop li cuers falis. »
Lors est à sa huge salis,
Si a reconnu au visage
Celui ki fu de fol husage,
Et dist : « Sire desloiaus prestre,
Mieus amasse vous à Vincestre
U el fons de la Rouge Mer,
Car chi ne vous puis jou amer.
Car diable vous chi aporte ;
Dehait ait ki garde le porte
Quant vous entrastes cha dedens !
Ne poés vous ouvrir les dens ?
Quant vous de chi m'escaperés,
Male confesse emporterés ;
Rendre vous convenra raison,
Reclunier venés no maison,
Ce verrés vous au congiet prendre ;
Se vous raison ne savés rendre,
Ce porés vous par tans prover.
Comment ne savés vous trover
Autre reponal ke ma huge ?
En home ki ensi s'i muche
Ne poroit on nul bien entendre.
Je n'i saroie raison rendre

De chou k'estes chi or venus :
A piteus serés retenus
Se parole n'en oi auchune.
Trés quant alés vous à la lune?
Ne cuidai pas ke teus fussiés
Que de respondre honteus estiés,
Et je l'ai mout bien entendu
Qu'ancor n'avés mot respondu;
Mais je croi ne savés que dire. »
A ce mot par le braic le tire,
Et dist : « Dehait plus vous consenc. »
Le main froide et roide li senc,
Et, quant il n'i sent point d'alainne :
« Par Diu, » dist il, « or me croist painne ;
Je voi à la color del vis
Que cis diables n'est pas vis ;
On dira ke je l'ai tué.
Dieus, c'or l'eüsse remué
Et porté en .i. autre liu !
Ne remenra por nul anui,
Ne por nul coust, si pooit estre
Qui me fust hors tost de cest estre.
Mais or me convient desplaidier
Que n'i est pas por souhaidier,
Et si sai bien, se jou li lais,
Que hontes et anuis et lais
M'en venra, mais cho iert à tort,
Car on dira ke l'avrai mort.
Si ne sai qu'ensi l'a bailli ;
Or voi jou trop mon sens failli,

Se jou desconbrer ne m'en sai :
Or me vuel metre à l'asai,
Se jou ai nule gille aprise. »
A .II. mains a aerse et prise
Une grant machue de fau
Que trova pendant à .I. clau.
Plains de grant ire et d'anuianche,
S'en est venus sans ariestance
En la cambre u li vesques dort,
Que encore ronchoit mout fort,
Com cil ki à plenté de large
Fist au soir d'un fort vin sa targe.
Li prieus tant sueffre et atant
Qui bien parchoit et bien entent
Que li veskes est esvilliés ;
De parler est bien consilliés :
« Cil qui fist toute creature
Vous otroit grant bone aventure
Par sa douçor et par sa grasse !
Il a chaiens de quiens grant masse
Qui mout sont et hideus et lait,
Sire vesques, et on les lait
Aler aval le court par nuit.
Sire, mais k'i ne vous anuit,
Ceste grant machue vous doins,
Et le mautalent vous pardoins
Se vous en poés nul ocire.
Por che le vous ai dit, biau sire,
C'adiès se choucent sor les lis ;
Ne cho n'est ne solas ne ris

D'avoir issi fais compaingnons;
Onques ne vi plus ors vaingnons
Con il sont, por voir vous le di. »
Et li vesques li respondi :
« D'iteus compaignons ai jou cure,
Car il ne sont pas sens ordure.
— Sire vesques, vous dites voir,
Et por chou vous lai jou avoir
Ceste machue qui mout poise,
C'on le puet bien ferir à toise :
Em pais huimais vous repossés. »
Cil qui pas ne sera lassés,
S'il puet esploitier son afaire
Quant poins ert et il le puist faire,
A le prestre mort encarkiet.
Loer se doit de cel markiet
Se il parfait chou que il pensse,
Ains n'i garda obediensse
Quant fist chou que faire convint;
Droit au lit le vesque s'en vint
Qui mout estoit fort endormis :
De traviers sor les piés a mis
Le prestre, ki .II. tans li poise
Con s'il fust de vive despoise.
En un angle va son liu prendre
Li prieus, car il veut aprendre
Com li vesques que en fera
Tantost com il s'esvilera.
.I. poi après est espuris :
« Hé! Dieus, » dist il, « sains Esperis!

Com je suis pesamment covers ! »
Celui, ki là gist de traviers,
Sent de son piet, si fiert et boute :
« Par foi, » dist il, « chou n'est pas doute
Que li prieus ne m'ait dit voir ;
Or me pora mestier avoir
Ceste machue que j'ai cha.
Alés, » fait il, « fuiés véscha,
Que vis diables vous emport !
Vous ne troverez nul deport,
Se vous de chi ne vous fuiés,
Car trop durement m'anuiés.
Certes, » fait il, « felon mastin,
Se je voi le jour le matin,
Vous ne me ferés jamais cuivre :
Dehait qui tant vous laisse vivre,
Puis que preudons par vous s'esvelle ! »
Ensi dist, mais mout s'esmervelle
Dont il ne les ot resquinnier,
Usler ne braire ne vuingnier.
Ensi se lieve, et si a prise
Le machue, ki estoit mise
Près de lui tout à essient.
Sachiés ke ne se faint noient,
Mais grant cos iffiert et entoise
De le machue, ki mout poise.
De ferir s'est mout travilliés,
Mais il s'est mout esmervelliés
Quant nule riens n'ot ni entent.
Illuec s'adreche tot errant ;

Si sent et taste le mort prestre :
« Hé ! Dieus, » fait il, « ke che puet estre ?
Se de voir dire ne me fains,
N'esse dont pas lisse ne kiens,
Ains est hom u feme sans doute?
Mais dolans sui ke n'i voi goute :
Dehait ki estaint la candele ! »
En haut crie, ses gens esvelle
Et alumer tantost commande.
Li prieus, ki estoit en grande
Qu'il soit cuites de l'aventure,
S'en vint au lit grant aleüre
Et o lui la lumiere aporte :
A son pooir le reconforte.
Com cius ki plus est vius ke vens,
Li abbes et tous li covens
Entor le vesque s'asamblerent ;
Lors cuers de grant anui torblerent
Por le mervelle que il veoient.
Onques mais chou veü n'avoient,
Che dient li un, ce leur sanble ;
Li autre dient k'il resanble
Le prestre de cors et de vis :
« Cho, » dist li uns, « il n'est pas vis,
Qu'il a les ieus estains el cief.
— Par foi, chi a mout grant mescief, »
Fait li prieus ; « se cis dist voir,
Je le vuel aparmain savoir.
— Prieus, et c'or i prendés garde. »
Li prieus de près le regarde,

Mort le sent et par che le preuve
Que pous ni alainne n'i treuve,
Et nanporquant mort le savoit,
Car piecha esprové l'avoit.
Mout sont li moine mat et pris ;
Mout en fust li vesques repris,
Se l'ossassent moustrer et dire.
Il est lor paistres et lor sire,
Se ne li ossent sor lui metre ;
Il ne s'en osent entremetre,
Car bien sevent k'il lor puet nuire
Et lor abeïe destruire ;
Por cho ont la cose celée.
L'andemain à la matinée
S'en est li vesques entremis
De la messe, et en terre mis
Le prestre, cui Dieus doinst pardon,
S'onques Dius dona si haut don
A ame de prestre encombré,
Mais, se Dius a à droit nombré,
Nous cuidons k'il n'en pensse point
D'ame qui est prisse en tel point.
 Li vilains, qui barons estoit
A cele cui li prestre amoit,
Est destornés d'un grant meshaing
Quant le prestre noia el baing,
Por chou ke envers lui mesprist ;
Sa feme bon consel emprist,
Car tel cheance lui avint
Del prestre, puis ne l'en sovint

A l'errement qu'ele mena,
Et li vilains mout se pena
De celer se mesaventure,
Qui mout estoit diverse et dure
A chiaus sor cui ele chaï :
Chascuns s'en tint bien à traï,
Mais chascun avint tel chaanche
Que il en vit sa delivranche
Si com l'avés or entendu;
Estranglé et vif et pendu
Le trova on, tiegmoing cel conte.
Il fu repus par sa grant honte
El tas, et apriès en l'avainne;
Apriès en chaï en grant painne
Cil ki le trova à son huis :
Si en eüt grans anuis puis
Cil ki le voloit enfouir,
Qui les larrons en fist fuir
Quant li jumens le cors porta;
Et forment s'en desconforta
Cil ki le trova à son baut
Pendu à .I. marien mout haut,
Qu'il cuidoit carbonées faire.
Et puis en ot mout grant contraire
Li prieus, quant il l'eut à oste :
Mais quel honte a se ne s'en oste,
Jou di k'il n'a mie mout sens.
Vous avés oï les assens
Comment il fu mis hors de tresque,
Comment jut sus le lit à vesque,

Et li moine tant le douterent
C'onques .I. seul mot ne sonnerent.
Enfouis fu sans contredit,
Car vous arai contet et dit
.I. flabel qui n'est mie briés;
A entendre est pesans et griés,
Et mout longe en est la matere.
De plus n'en serai recordere,
Car en tant est il auques lons;
Savés comment est ses drois nons :
Li fabliaus de *La longe nuit.*
Por le siecle fali et vuit,
Qui mal se preuve et est prové
Chaitis en cest siecle est trovés.

Explicit dou Prestre c'on porte.

XC

DE LA MALE HONTE

[PAR GUILLAUME LE NORMAND]

Paris, Bibl. nat., Mss. fr. 2173, fol. 93 v° à 94 v°,
et 19152, fol. 62 v° à 63 r°.

SEIGNOR, oez et entendez
.I. flabel qu'est faiz et rimez,
D'un roi qui Engleterre tint.
Toz ce fu voirs et si covint
Que en Engleterre ert .i. rois.
En icel tens ert us et droiz
Que, quant .i. hom moroit sanz oir,
Li rois avoit tot son avoir.
Ce trovon nos avant el conte
Qu'uns preudons morust qu'ot non Honte;
Honte ert le preudom apelez,
Quant vit que tant fu adolez.
Et que il vit qu'il ne vivra,
.I. sien compere en apela :
« Compere, » dit Honte, « prenez
Mon avoir que vos là veez
En cele male qui là pent;
Por Dieu vos pri omnipotent,
Se ge muir, portez la lou roi.
Si dites que ge li envoi,

Quar ce est raison et droiture. »
Et cil respont, et si li jure
Que il la portera sanz faille,
Por ce que du convent ne faille.
Honte morut de cel malage :
Si volt garder son comparage ;
Maintenant prent la male Honte,
De la vile ist, el chemin monte.
Tant va, tant vient et tant demande,
Tant a erré par Inguelande,
Qu'il a trové, desoz en l'onbre,
Devant le pin le roi à Londre,
O lui grant part de son barnaige :
« Sire, » fait il en son langaige,
« La male Honte vos aport.
Ge li oi covent à sa mort
La male Honte vos dorroie :
Prenez la, qu'il la vos envoie ;
Sire, prenez la male Honte. »
Quant li rois l'ot, si a grant honte :
« Vilein, » dit il, « tu me mesdiz,
Mais tu aies honte toz diz !
De honte me puist Dieus defendre !
Près va que je ne te faz pendre. »
Encor voloit li vilains dire,
Mais cil le prenent à grant ire,
Qui environ le roi estoient ;
Tant le deboutent et desvoient
Que tart li est, ce m'est avis,
Que il se soit de cort partiz ;

Bien li avint qu'il ne l'ont mort :
« Ha ! las, » fait il, « or me recort
Que mes comperes me pria,
Quant il morut et defina,
Que cest avoir au roi donasse ;
Volentiers encor i pallasse,
Et donroie la male Honte ;
Mais cil chevalier et cil conte
M'avroient ja mort, bien le sai.
Mais or sai bien que ge ferai :
Ge gaiterai sempres le roi,
Quant au mostier ira par soi,
Et il verra devant trestoz ;
Encor serai ge si estoz,
Que li donrai la male Honte. »
  A ce que ainsi dit et conte,
Voit le roi au moutier aler,
Et il le recort saluer.
Si con il entroit el mostier,
Li commence haut à huschier,
Que tuit l'oïrent prince et conte :
« Sire, » fait il, « la male Honte
Vos aport ge encor et offre :
D'esterlins i a plein .I. coffre. »
Quant li rois l'ot, si a tel raige
Avis li est que de duel arge :
Ne set que faire ne que dire.
Du vilein a tel duel et ire
Que la male Honte li baille,
  Quant il a dit : « Où sont mi baille,

Et cil qui menjuent mon pain,
Quant ne me tuent cel vilain ? »
Quant cil voient irié le roi,
Sore li corent à desroi,
Ja fust li preudons malbailliz,
Mais il s'estoit entr'aus quatiz ;
Si le perdent entre la gent.

 Ez vos celui forment dolent,
Qui preudom et loiaus estoit,
Du roi qui forment s'en iroit
Quant li offroit la male Honte.
Cil dit que à lui plus ne monte,
Mais tierce foiz li offerra,
Et puis enprès si s'en ira ;
S'or le devoit li rois ocirre,
Si li era il encor dire
Tierce foiée, quar c'est droiz.
Et, quant par ot mengié li rois
Que il fut auques bauz et liez,
Li vileins revint toz chargiez
De la male Honte qu'il porte.
A grant paor o chiere morte
Li rehuche haut et reconte :
« Sire, sire, la male Honte, »
Fait li preudons, « quar retenez,
Quar par droit avoir la devez ;
La male Honte vos remaigne,
S'en donez à vostre compaigne ;
La male Honte est granz et lée,
Ge la vos ai ci aportée.

.I. mien compere, ce sachiez,
Là vos envoie, si l'aiez,
Quar vos d'Angleterre estes rois ;
La male Honte aiez, c'est droiz. »
Quant li rois l'ot et il l'entent,
A poi que il d'ire ne fent :
« Seignor, » fait il, « ge vos commant
Que vos cel vilain maintenant,
Qui ne me velt laissier en pais,
Que il orendroit soit deffais. »
Li preudons fust ja entrepris,
Quant .I. hauz hom s'est avant mis,
Qui saiges ert et entendanz
Et de parole molt saichanz :
« Sire, » fait il, « vos avez tort
Se le vilain aviez mort ;
Mais, ençois que li façoiz honte,
Sachiez que est la male Honte.
— Volentiers, » fait li roi, « par foi,
Vilein, » fait il, « entent à moi ;
Que dis tu de la male Honte ?
Tu m'en as hui fait mainte honte
En ma cort et maint grant ennui,
Ne sai quantes foiées hui. »
Dont li conte cil et devise
Con la male Honte ot emprise,
Et con Honte, son bon compere,
Li pria par l'ame sa mere
Qu'après sa mort li aportast.
Li rois l'entent, sa cuise bat

De la joie qu'il ot eüe,
Quant la parole ot entendue :
« Vilain, » fait il, « or t'ai plus chier
Que de noient m'as fet irier :
Mielz m'as gabé que nus lechiere.
Or te doing ge à bele chiere
La male Honte à ta partie,
Quar par droit l'as bien gaaignie. »
Ainsi ot cil la male Honte.
　　Ce dit Guillaumes en son conte
Que li vilains en a portée
La male Honte en sa contrée.
Si l'a as Anglois departie ;
Encor en ont il grant partie ;
Sanz la male ont il assez honté,
Et chascun jor lor croist et monte :
Par mauvais seignor et par lasche
Les a honte mis en s'ataiche.

Explicit de la male Honte.

XCI

DU CLERC QUI FU REPUS
DERIERE L'ESCRIN
[PAR JEAN DE CONDÉ]

Paris, Bibl. nat., Mss. fr. 1446, fol. 171 r° à 172 r°,
et Bibl. de l'Arsenal, Mss. 3524, fol. 100 v° à 101 v°.

Unes gens sont qui anchois oient
Une truffe et plus le conjoient
K'une bien grande auctorité :
Pour ce, truffe de verité
Vous vorrai ci ramentevoir,
Si c'om le me conta de voir.
 En Haynau ot une bourgoise,
En une ville, assez courtoise,
Plaine de jeu et de soulas,
K'amours le tenoit en ses las.
Dont ele fu, et de son non,
Ne vous veul faire nul renon,
C'on le porroit teil part retraire
U il tourneroit à contraire
Et en seroit plus grans criée.
La bourgoise estoit mariée ;
Si estoit bele et saverouse,
Gaie, envoisie et amourouse.

Un jour en sa chambre aveuc li
Avoit .1. clerc cointe et joli :
Si mangoient et si buvoient,
Car viande et vin tant avoient
Com il lor vint à volenté.
Maint mot ont dit d'amours enté
Et bien se porent aaisier
Et d'acoler et de baisier :
Ne sai s'autre jeu y ot point.
Si com il ierent en tel point,
En la maison s'en vint atant
Uns biaus vallès et vint hurtant
A la chambre. Li clers l'oy;
Sachiés point ne s'en esjoï :
« Dame, » dist il, « que devenrai?
En queil guise me maintenrai?
— Amis, » dist elle, « vous ireis
Deriere l'escrin, si gireis
Tout cois, tant que raleis s'en iert;
Je ne sai qu'il veut ne k'il quiert. »
Deriere l'escrin chieus mucha,
Et il vallès mout fort hucha;
La dame ens le laist à ce mot.
Li vallés aveuc la dame ot
Souvent privéement esté :
Quant il a veü apresté
Ensi à boivre et à mengier,
Il s'est assis, sans nul dangier.
La dame povre chiere fist,
Car li jeus pas ne li souffist,

Car compaignon laiens avoit
Que li vallès pas ne savoit :
« Dame, » dist li vallès adonques,
« De vous teil chiere ne vi onques :
Vous saveis tant de nostre affaire
Que boine chiere devez faire. »
La dame atant se rapaisa;
Chieus l'acola et le baisa,
C'onques cele n'i mist defois;
Teil vie ot menée autre fois
Et plus avant un point loiié.
Assés ont but et dosnoiié,
Tant qu'il lor agrea et plot;
Mais au clerc durement desplot,
Qui repus s'estoit et tapis,
Et la chose qui li fait pis,
Ce est que le vallet veoit
Qui deleis la dame seoit,
Et y menoit si grant dosnoi;
Au cuer en avoit grant anoi.

Tant ala que li viespres vint :
Li maris la dame revint
En sa maison, car il ert nuis.
Che fu au vallet grant anuis,
Ki l'oy; mout s'en effrea,
A la dame point n'agrea :
« Dame, » dist chieus, « queil part irai ? »
Dist la dame : « Jel vous dirai,
N'i sai chose plus profitable;
Il a là drecie une table :

Teneis vous y celéement ;
Je menrai grant effréement,
Et vorrai mon mari tenchier,
Tant que je le ferai couchier,
Et, quant point et heure en veés,
D'en voie aler vous pourveés. »
Chieus se repust au mieus qu'il sot ;
Li maris, à guise de sot,
Hurta à l'uis hastéement.
La dame ouvri iréement,
Et laidement le recueilli,
Et par paroles l'acueilli :
« Dont veneis, chaitis, dolereus,
Mesceans et maleüreus?
Vous n'iestes onques en maison ;
Vous iestes uns hons sans raison ;
Un ort usage mainteneis,
Car de la taverne veneis,
Si me laissiés tout jour seule :
Honnie soit vo gloute geule !
Alons dormir, il en est tans.
— Bele suer, ne soiiés hastans !
Il me couvient ançois mengier. »
Cele le prent à laidengier,
Et chieus s'assist, si demanda
A mengier et du vin manda,
Dont la bourgoise se courouche,
Et son mari forment en grouche :
« Suer, » dist il, « pour Dieu vous taisiés,
Et par amours vous apaisiez.

Honnis soit qui s'esmaiera,
Car chieus là trestout paiera. »
De nul hoste ne se gardoit,
Son escrin enseignoit au doit
Qui adont estoit bien garnis.
Li clers cuida estre escharnis;
Bien cuida que là le seüst
Et qu'au venir veü l'eüst :
Si douta vers lui ne venist;
Pour ce, ains que baston tenist,
Issi hors et si s'en ala
Vers le bourgois et si parla :
« Sire, » fait il, « par le mort beu,
Mal à point partiriés le jeu,
Se chieus n'en paioit autretant,
Qui là derriere est en estant
Deleis cele table apoiiés. »
Or fu li bourgois avoiiés,
Qui en son osteil ot teis hostes.
Bien pooient reire ses costes,
Qui ensi du sien s'aaisoient,
Mais son ouvrage li faisoient :
Il fu deboinaires et frans,
Car il estoit wihos soffrans;
Tous cois fu, n'ot soing de meslée;
Si a le besoigne celée,
N'a à iaus mot dit ne parlé :
Et il s'en s'ont em pais alé.
    Ne di plus qu'entre iaus lor avint,
Ne conment la dame en couvint :

Ne fu mie trop entreprise,
Car du mestier estoit aprise :
Vrais wihos estoit ses maris.
Se ses cuers fu un pou maris,
Bien le sot tout à point remetre ;
Point ne m'en couvient entremetre
De dire qu'ele respondi,
Ne comment ele s'escondi :
Ele en sot si bien à chief traire
Ke je atant m'en vorrai taire.

Explicit.

XCII

DU PROVOIRE

QUI MENGA LES MEURES

[PAR GUERIN]

Paris, Bibl. nat., Mss. fr. 19152, fol. 56 r° à 56 v°.

Qui qu'en ait ire ne despit,
Sanz terme prenre ne respit,
Vos dirai d'un provoire .i. conte,
Si con GUERINS le nos raconte,
Qui au marchié voloit aler :
Sa jument a fait ensseler,
Qui granz estoit et bien peüe :
.II. ans l'ot li prestres tenue ;
N'avoit gaires ne soi ne fain,
Assez avoit aveine et fain.
Li prestre son chemin atorne,
Ne fait que monter, si s'entorne
Vers le marchié sor la jument,
Se l'estoire ne nos en ment.
Por icele saison me mambre,
Bien sai que ce fu en setembre,
Qu'il estoit grant plenté de meures.
Li prestre vait disant ses eures,
Ses matines et ses vegiles.
Mais à l'entrée de la vile,

Plus loing que ne giete une fonde,
Avoit une rue parfonde ;
En .I. buisson avoit gardé,
Des meures i vit grant plenté
Grosses et noires et meüres,
Et li prestres tot à droiture
Dist que, se Jhesu li aïst,
Si beles meures mais ne vit.
Grant fain en ot, si ot talent,
La jument fait aler plus lent,
Si s'arrestut tot à estal.
Mais une chose li fist mal,
Que les espines li nuisirent,
Et les meures qui si halt furent
Les plus beles el front devant,
Qu'avenir n'i pot en seant.
Adonc est li prestres dreciez,
Sor la sele monte à .II. piez,
Sor le buisson s'abaisse et cline,
Puis menjue de grant ravine
Des plus beles qu'il i eslut ;
Ainz la jument ne se remut.
Et quant il oit mengié assez,
Tant que il en fut tot lassez,
Vers terre garde et ne se mut,
Et vit la jument qui s'estut
Vers le roschoi trestote quoie ;
S'en ot li prestres molt grant joie
Qui à .II. piez est sus montez :
« Dieus, » fait il, « qui or diroit hez ! »

Il le pensa, et dist ensanble;
Et la jument de poor tranble:
.I. saut a fait tot à bandon,
Et li prestres chiet el buisson
En tel maniere entre les ronces,
Qui d'argent li donast .c. onces
N'alast arriere ne avant,
Et la jument s'en vait fuiant,
Chez le provoire est revenue.
Quant li serjant l'ont conneüe,
Chascun se maudit et se blasme,
Et la feme au prestre se paume,
Qu'ele quide que il soit morz.
Ci fu molt granz li desconforz :
Corant s'en vont vers le marchié;
Tant ont alé, et tant marchié,
El buisson vienent trestot droit
Où le prestre en malaise estoit.
Et, quant il les ot dementer,
Commença lors à escrier :
« Diva, diva, où alez vos ?
Ge sui ici molt doulerous,
Pensis, dolenz, molt esmaiez,
Quar trop sui malmis et bleciez,
Et poinz de ronces et d'espines,
Don j'ai sanglentes les eschines. »
Li serjant li ont demandé :
« Sire, qui vos a là monté ?
— « Pechié, » fait il, « m'i embati.
Hui matin quant ge ving par ci,

Que j'aloie disant mes ores,
Si me prist molt grant fain de mores,
Que por rien nule avant n'alasse
Devant que assez en mengasse :
Si m'en est ainsi avenu
Que li buissons m'a retenu.
Quar m'aidiez tant que fors en soie,
Quar autre chose ne querroie,
Mais que ge fusse à garison
Et à repos en ma maison. »
 Par cest flabel poez savoir
Que cil ne fait mie savoir
Qui tot son pensé dit et conte,
Quar maint domaige en vient et honte
A mainte gent, ce est la voire,
Ainsi con il fist au provoire.

Explicit du Provoire qui menga les meures.

XCIII

DE BERENGIER AU LONC CUL

Paris, Bibl. nat., Mss. fr. 837, fol. 209 r°
à 210 v°.

Puisque fabloier m'atalente
Et je i ai mise m'entente,
Ne lerai qu'encor ne vous die
Jadis avint en Lombardie
D'un chevalier qui avoit fame.
N'ot el païs plus bele dame
Ne plus cortoise ne plus sage,
Et si estoit de haut parage ;
Mès son mari ert de vilains
Et si ert pereceus et vains
Et vanterres après mengier :
Mout se fesoit bon chevalier
Par parole ; en .III. ou en quatre
Voudroit il par son cors abatre,
Et chascun jor à l'avesprer
Se fesoit richement armer,
Puis s'en montoit sor .I. destrier ;
Ja ne finast de chevauchier
Dedenz .I. bois toz seus entroit.
Quant dedens ert, si s'arestoit
Et esgardoit tout à loisir
Que nus ne le peüst veïr ;

Si aloit pendre son escu
A .I. arbre grant et foillu ;
De l'espée nue i feroit
Granz cops que tout le depeçoit;
S'en fesoit les pieces voler
Et depicier et estroer
Que point n'i demoroit d'entier;
Puis se remetoit el sentier,
L'escu au col, la lance frete.
Con s'il eüst proëce fete
S'en revenoit mout fierement
Et disoit à toute la gent
Qu'il avoit .II. chevaliers mors;
Par hardement et par esfors,
Mout s'i estoit bien combatus.
De plusors gens estoit creüz
Et disoient qu'il ert mout prouz;
Ainsi les amusoit trestous.
Par mainte foiz ainsi servi,
Tant c'une autre foiz s'en issi;
Dist qu'il iroit fere cembel.
.I. escu tout frès et novel
Li avoit sa femme baillié,
Mout bien fet et mout bien taillié,
Et une lance longue et droite;
Et il tant de l'aler esploite
Qu'il est venus el bois ramu;
Maintenant a pris son escu :
Si le pendi à .I. perier,
Puis a feru du branc d'acier,

Et fesoit .I. si fier martyre,
Qui l'oïst, il peüst bien dire
Que plus de .XXX. en i eüst,
Et por ce que l'en le creüst,
Sa lance ra à .II. poins prise,
Si la fraint et si la debrise,
Ne l'en remest que .I. tronçon ;
Puis s'en revient en sa meson,
Si descent et se desarma.
Sa fame mout se merveilla
Qu'il estoit si tost revenu,
S'ert tout depecié son escu
Comme s'il venist d'un tornoi :
« Sire, » fit ele, « par ma foi,
Ne sai où vous avez esté,
Mès vostre escu l'a comparé.
— Dame, j'ai trové chevaliers
Plus de .VII., corageus et fiers,
Qui me vindrent ferir et batre ;
Mès j'en ai si blecié les quatre,
Por mon escu que percié orent,
Que puis relever ne se porent,
Et li autre troi s'en fuïrent
De la paor quant il ce virent ;
Onques ne m'oserent atendre. »
La dame n'est mie à aprendre :
Maintenant sot et aperçut
Comment son seignor le deçut ;
Bien sot que onques en sa vie
Ne fist par sa chevalerie

Ne prouesce ne hardement ;
Mès ainsi le dit à la gent
Et lor fet tel mençonge acroire
Dont il n'i a parole voire.
Dès or se porpensse la dame,
Et a juré son cors et s'ame
Que, s'il fet tant que mès i aille,
Ele voudra savoir sanz faille
Con fetement il le fera,
Et comment il s'atornera
Et qui son escu li depiece,
Dont il n'aporte c'une piece
Chascune nuit quant il repere ;
Ainsi porpensse son afere
La dame, mès mot ne sona,
Et li sires la salua.
Maintenant qu'il fu revenuz
Au col li a ses braz tenduz,
Et dist : « Dame, par saint Omer,
Vous me devez mout bien amer
Et honorer et tenir chier,
Que il n'a si bon chevalier
De moi de si en Normendie.
— Biaus sire, je ne vous haz mie,
Et encor plus vous ameroie
De tout mon cuer, se je savoie
Que tels fussiez con dit m'avez.
— Dame, » dist il, « mès mieus assez,
Et plus ai force et hardement
Que je ne di mon escient. »

Atant lessierent la parole
Et li sires la dame acole ;
.V. foiz la baise, voire sis,
Puis se sont au mengier assis
Que l'en lor avoit apresté.
Après, quant ils orent soupé,
Li lit sont fet, si vont gesir.
Quant lassé furent de dormir
Et li solaus fu haut montez,
Li chevaliers si s'est levez,
Et se vesti et se chauça
Et ses armes redemanda.
Quant il fut armez bel et gent,
A la dame le congié prent :
« Dame, » dist il, « je m'en revois
Querre aventures en cest bois ;
Sachiez, se je puis encontrer
Homme qui est à moi jouster,
Ja eschaper ne me porra ;
Je le prendrai, ou il morra.
— Sire, » fet ele, « or en penssez. »
Atant est el destrier montez,
Si s'en reva par le boschage,
Et la dame, qui mout fu sage,
Dist par soi qu'après veut aler
Por savoir et por esprover
Son hardement et son barnage,
Si qu'il n'i ait point de domage.
La dame s'est mout tost armée
Et con chevalier adoubée :

Le hauberc vest, l'espée a çainte,
De tost armer ne s'est pas fainte,
Et sus son chief l'iaume laça,
El destrier monte, si s'en va,
Onques n'i ot resne tenue.
Tant oirre qu'el bois est venue
Et vit son seignor descendu,
Qui depieçoit tout son escu,
Et une tel noise fesoit
Que li bois en retentissoit ;
De nului ne se donoit garde.
Et, quant la dame le regarde,
Ainz mès ne fu si esbahie.
Au plus tot qu'ele pot li crie :
« Sire vassaus, qu'avez vous quis
En mon bois ne en mon porpris,
Qui mon bois si me depeciez,
Et de vostre escu vous vengiez
Qui ne vous avoit rien meffet?
Certes », fet ele, « c'est trop let,
Quel guerre avez à l'escu prise ?
Dehez ait qui mieus vous en prise!
Cil escuz ne set riens entendre ;
Je le voudrai vers vous deffendre ;
Il vous covient à moi jouster,
Vous n'en poez par el passer :
Ja n'i avra longue atendue. »
Quant il a la dame entendue,
Ainz mès ne fu si tormentez ;
Tout maintenant est arestez

Et voit cele qui le manace;
Tel paor a, ne set qu'il face,
Quar de combatre n'a il soing.
L'espée li cheï du poing
De mauvestié et de perece.
Et la dame vers lui s'adrece,
L'espée trete le requiert,
Du plat sor le hiaume le fiert
Tel cop que tout en retenti.
Quant li chevaliers l'a senti,
Si cuida bien estre afolez;
De la paor est jus versez,
Onc ne fu tels qu'il se meüst;
.I. petit enfant li peüst
Trere les ieus hors de la teste
Autressi comme à une beste,
Ja ne li osast contredire.
La dame li comence à dire :
« Or tost, vasaus, joustez à mi. »
Li chevaliers crie merci :
« Sire, sor sainz vous jurerai
Jamès en cest bois n'enterrai,
N'à mon escu ne ferai mal,
Si me lessiez sor mon cheval
Monter, et m'en puisse raler. »
— Il vous couvendra d'el parler, »
Fet ele, « avant que m'eschapez :
Or esgardez que vous ferez,
Que je vous vueil .I. geu partir.
Orendroit vous covient morir,

S'ert de vous finée la guerre,
Je descendrai jus à la terre,
Devant vous m'irai abessier;
Si vous covient mon cul besier;
Ne poez garir autrement.
— Sire, vostre commandement
Ferai : or en venez à moi.
— Certes, » fet ele, « je l'otroi. »
Ele descent, vers lui s'en va,
Sa robe contremont leva,
Si s'estupa devant sa face,
Et cil vit une grant crevace
Du cul et du con, ce li samble,
Qui trestout se tenoit ensamble;
Onques mais, se Dieus li aït,
Ce dist, ausi lonc cul ne vit,
Lors l'a besié et acliné.
Mout l'a bien à son droit mené
Cele qui le tient à bricon,
Et cil li demande son non,
Dont il est, et de quele terre :
« Vassaus, qu'avez vous à enquerre, »
Fet ele, « ne à demander?
Vous ne porriiez pas trover
Tel non en trestout cest pais.
Bien le vous racont et devis :
De mes parenz n'i a il nul,
J'ai non Berengier au lonc cul;
A trestoz les coars faz honte. »
Atant sor son cheval remonte

La dame, et en meson s'en va ;
Tantost por son ami manda
Que il venist à li parler.
Et il i vint sanz demorer,
Grant joie li fet, et el lui ;
Si se sont couchié ambedui
En un lit por lor talent fere.
Et li chevaliers s'en repere
Du bois, et entre en sa meson.
Sa gent le metent à reson,
Et demandent con li esta :
« Certes, » dist il, « mout bien me va :
Delivrée ai toute la terre
De cels qui me fesoient guerre ;
Ses ai vaincuz et afolez.
Atant est en la chambre entrez,
Sa feme trueve toute aaise,
Où son ami l'acole et baise,
Ne se daingna por lui repondre :
Li chevaliers commence à grondre.
Quant il le vit, mout l'en pesa,
Mout durement la maneça :
« Dame, » dist il, « mar le penssastes,
Quant estrange homme o vous couchastes ;
Vous en morrez, por voir le di. »
Et la dame li respondi :
« Tesiez vous en, » dist el, « mauvès,
Gardez que n'en parlez jamès ;
Se je vous en oi plus parler,
Le matinet sanz arester,

Ce sachiez vous, sanz atargier
J'irai à seignor Berengier
Au lonc cul, qui a grant poissance :
Bien me fera de vous venjance. »
Quant li chevaliers l'a oïe,
N'ot mès tel merveille en sa vie ;
Or set il bien qu'ele savoit
Tout ce qu'avenu li estoit.
Onques puis riens ne li en dist,
Et la dame tout son bon fist,
Que por lui n'en lessast noient.
  Por ce deffent à toute gent,
Qui se vantent de maint afere
Dont il ne sevent à chief trere,
Qu'il lessent ester lor vantance :
Et je vous di bien sanz faillance,
Quant il s'en vantent, c'est folie.
Ici est ma reson fenie.

Explicit de Berengier au lonc cul.

XCIV.

DES TRESCES

Paris, Bibl. nat., Mss. fr. 19152, fol. 122 r°
à 123 v°.

JADIS avint c'uns chevaliers,
Preuz et cortois et beaus parliers,
Ert saiges et bien entechiez :
S'ert si en proesce affichiez
C'onques de riens ne se volt faindre
En place où il pooist ateindre;
Et par tot si bien le faisoit,
Et à toz sis erres plaisoit,
Tant qu'il fu de si grant renom,
Qu'en ne parloit se de lui non.
Et s'en li ot sen et proesce :
Il ert de si haute largece,
Quant il avoit le heaume osté,
Preuz ert au champ et à l'osté.
Il ot feme de grant paraige,
Qui avoit mis tot son coraige
A .I. chevalier du païs ;
N'ert pas de la vile naïs,
Ainz avoit .I. autre recet
Près de .VI. liues ou de set.
Il n'i osoit venir souvent
Qu'en ne s'alast apercevant.

Bien ot parler de son affaire,
Ne il n'en ose noise faire
A nului qui soit de sa vile,
Et di que chevaliers s'aville
Et de ses amors ne li chaut,
Qui se fie et croit en Richaut :
Por ce n'en volt faire mesaige.
Mais une suer qu'il ot molt saige
Fait tant c'un vallet l'ot à feme;
Cousin estoit à cele dame
Qui en la vile ot son estaige,
Et cil baa à l'aventaige
De son couvent, se il puet estre,
Que ja nus ne saiche lor estre,
Qui puist tesmoigner ne savoir,
Que molt mielz valt sanz blasme avoir
Chiés sa seror venir, aler,
Et à s'amie iluec parler.
   Un jor ot mandée s'amie
Chies sa suer : ne demora mie
Que il oïrent teus noveles
Qui ne li furent gaires beles,
Quar l'en dit que li sires vient.
La dame voit qu'il l'en covient
Aler, si le commande à Dé.
Tantost li a cil demandé
.I. don, mais ne set quel i fu,
Qu'ele ne l'en fist onc refu.
La dame, qui molt l'avoit chier,
Lors dit qu'el se voloit couchier

O son seignor et ovuec lui :
« Ja ne remaindra por nului, »
Fist cil que fin amor mestroie,
Et la dame le li ostroie,
Quar tant ne se set entremetre,
Qu'el i puisse autre conseil metre.
Lors s'en est à l'ostel venue,
Et fait senblant de la venue
Son seigneur et que bel l'en soit,
Mais à autre chose penssoit
Li cuers qui molt estoit plains d'ire.
Ne vueil des autres choses dire,
Mais assez mengerent et burent,
Et se couchierent quand il durent.
Mais d'une chose me remembre,
Que li sires ot lez sa chanbre
Fait faire une petite estable
Qui ert à son cheval metable,
Qui estoit à son chevauchier.
Il avoit son cheval molt chier,
Quar .xl. livres valoit,
Mais des autres ne li chaloit
S'il fussent bien ou malement,
Fors d'une mule seulement.
Et quant ce vint en droit prinsome,
Que tuit couchié erent si home,
Que reposer la gent covint,
Li amis à la dame vint
Par devers la chambre à senestre,
Et entre par une fenestre ;

Et vint leanz, mais ne set mie
De quel part se gisoit s'amie.
Belement oreille et escoute,
Lor taste et prent par mi le coute
Le seignor qui ne dormoit pas,
Et li sires esnel le pas,
Si le ra saisi par le poing.
En une autre maison bien loing
Se gisoient li escuier :
Molt pooist li sires huschier
Ainz que d'aus eüst nule aïe.
Lors i a fait une envaïe
A celui que par le poing tient;
Et cil qui bien se recontient,
Se deffent de sa force tote :
Li uns tire, li autres boute,
Tant qu'il se sont bien esprouvé.
Lors se tint cil por fol prouvé
Qui la folie ot commenciée;
A l'uis de la mareschauciée
Se sont ambedui aresté.
Près d'iluec ont lonc tens esté
Une cuve trestote enverse,
Et li sires dedenz enverse
Celui qu'il tient por robeor.
Molt ot la dame grant poor
De son ami plus que de lui,
Que li sires tint bien celui,
Et tant l'a batu comme toile.
Lors a dit : « Alumez chandoile, »

A la dame, et qu'ele tost queure.
— Beaus sire, se Dieus me sequeure,
Onques ne soi aler de nuiz :
Trop me seroit ja granz enuiz
A trouver l'uis de la cuisine ;
Mais or me faites la saisine
Du larron, gel tenrai molt bien.
— Ne vorroie por nule rien,
Se m'aïst Dieus, qu'il eschapast :
Jamais ne prenra .i. repast
Quant il eschapera de ci.
— Sire, » fait ele, « ja merci
N'en aiez quant il est repris. »
Lors l'a la dame aus cheveus pris,
Et fait semblant que bien le tiegne ;
Mais li sires comment qu'el preigne,
Por du feu se met à la voie.
Et maintenant la dame envoie
Son ami à grant aleüre,
Puis saut et deslie la mure :
Si l'a par les oreilles prise,
Et por estre mielz entreprise,
Li boute en li cuve la teste ;
Et li sires gaire n'arreste ;
Ainz prant du fu et prant s'espée,
Et dit que ja avra coupée
La teste cil que pris avoit.
Mais quant la mule tenir voit
A la dame, si s'esbahist,
Et dist : « Dame, se Dieus m'aïst,

Bien estoie musarz et fous
Quant ge crui onques vostre lous.
Assez ai plus que vos mespris,
Quant ge vostre lecheor pris;
Gel deüsse tenir de près :
Or vos covient aler après.
Bien sai qu'il vos en est à pou,
Mais par la foi que doi saint Pou,
Ne gerroiz mais lez mon costé. »
Lors l'a mise hors de l'osté.
Ainsi cil sa feme en envoie;
Et cele trespasse la voie,
Si s'en entre chiés son cousin,
Que el avoit près à voisin,
Le vallet qui ot pris à feme
La suer son ami, et sa dame
A leanz son ami trouvé.
.I. tel enging avoit trové,
Jamès n'orroiz parler de tel,
Quar el s'en voit à .i. ostel
Où une borgoise menoit,
Qui en beauté la resanbloit;
Fait la lever, tant la pria,
Que la dame li ostroia
A faire quanqu'ele vorroit :
« Alez donc, » fait ele, « orendroit
En ma chambre sanz demorer,
Et faites senblant de plorer
Androit le chavez mon seignor :
Ne poez moi faire graignor

Servise qui cestui vausist. »
Cele s'en vait et puis s'assist
Dedenz la chambre en droit la couche.
La dame o son ami se couche
Qui longuement i fist son vueil.
Et cele commence son duel,
Et se claime lasse chaitive,
Et dit que ja longues ne vive,
Ne ja ne past ceste semaine
« Qui à tel honte me demaine. »
Li sires s'i torne et retorne,
Et fait pesante chiere et morne,
Mais il ne set tant retorner
Que à dormir puisse assener.
Lors est levez par mal talent,
Onques mais n'ot si grant talent
De feme laidir et debatre
Con il avoit de cele batre.
Demanois ses esperons chauce,
Mais n'i chauça soler ne chauce,
Ne ne vest riens fors sa chemise.
Lors vient à cele, si l'a mise
Contre terre par les cheveus :
El chief li a ses doiz envous,
Lors tire et fiert et boute et saiche,
Qu'à paine ses mains en arrache,
Et fiert des esperons granz cous,
Qu'il en fait en plus de .c. leus
Le sanc saillir par mi la cengle.
Molt pot ore la dame atendre

De son ami graignor soulaz
Que cele qui est prise as laz.
Ainsi la damoisele bat
Le chevalier et se debat,
Et de parole la laidist;
Et quant s'ire li refroidist,
Si s'en vait couchier en son lit.
Mais molt i ot poi de delit,
Qu'el commence grant duel à faire :
Molt se repent de cest affaire,
Et si fait chiere mate et morne;
Quar il l'avoit batue à orne.
Ce ne torne à geu ne à ris,
Por ce que el avoit empris;
Si crie plus haut que ne sielt,
Quar de ses plaies molt se dielt,
Mais li sires pas ne s'en rit,
Ainz est corrouciez et marriz
De cele qui ainsi l'assaut :
Maintenant de son lit s'en salt
Con celui qui estoit espris.
Maintenant a son coutel pris,
Si est saillis en mi la rue,
Son cors tot d'angoisse tressue,
Si li a coupée les treces
Dont el a au cuer grant destrece,
Si que ses plors entroublia.
Tant a ploré qu'afebloia
Le cuer que par poi ne li part.
Li chevaliers d'iluec s'en part

Qui les treces o soi enporte :
Et cele, qui se desconforte,
Vient à la dame, si li conte
Si con oï avez el conte,
Mais la dame jure et afiche
Qu'à toz jors mais la fera riche ;
Ne ja douter ne li estuet
Des tresces, se trouver les puet,
Que si bien ne li mete el chief
Que ja n'en savra le meschief
N'ome ne feme qui la voie.
La dame s'est mise à la voie,
Q'onques nului n'i encontra :
Tant fist que en la chambre entra.
Si trouva son seignor dormant
Qui travailliez estoit forment
Et du corroz et du veillier :
La dame nel volt esveillier.
Mais soëf lez le lit s'assist,
Quar des treces bien li souvint
Que la dame ot eü tranchiées,
Qui bien seront encor vengiées,
Se la dame en vient au desus.
Lors les queroit et sus et jus :
Bien s'est du cerchier entremise.
Lors a sa mein au chavez mise,
Les treces trueve, ses en trait.
Ne vos avroie droit retrait
La grant joie que la dame ot :
D'iluec s'en vet sanz dire mot,

Et s'en vient à la chanbre aval.
Si a coupé à .1. cheval
La queue, au meillor de l'estable.
Or oiez .1. proverbe estable
Qui en mainz leus, ce m'est vis, cort,
Que *tel ne pesche qui encort.*
Ainsi la dame a escorté,
Le cheval, si l'a aporté
La queue au chevez son seignor :
Onques mais n'ot joe graignor
Qui à ceste s'apareillast.
Soëf que cil ne s'esveillast,
Si coiement s'est contenue
Et couchiée trestoute nue,
Qu'à soi ne trest ne pié ne main.
Issi fu jusqu'au lendemain,
Et dormirent grant matinée.
Quant vit que prime fu sonée,
Li sires s'estoit resveilliez,
Mais de la dame est merveilliez
Qu'il vit gesir lez son costé :
« Et qui vos a ci amené, »
Fait cil, « et qui vos coucha ci ?
— Sire, la vostre grant merci,
Où devroie donc couchier,
Se lez vos non, vostre moillier ?
—Comment, » fait il, « donc ne vos membre,
Que ge hersoir en ceste chambre
Pris prouvé vostre lecheor ?
Par celui cui li pecheor

Prient de cuer parfondement,
Trop avez fait grant hardement
Quant vos estes çaienz entrée ;
Deffendue vos ert l'entrée
A toz les jors que j'ai à vivre :
Ne me tenroiz pas si por ivre,
Quant vos cuidiez, se Dieus me salt.
— Beaus sire, se Dieus me consalt, »
Fait ele, « mielz poïssiez dire :
De ce me puis bien escondire
C'onques ne fis autrui servise,
Par toz les sainz de seinte yglise,
Ne qui vos tornast à hontaige :
Trop par avez dit grant outraige,
Qui si solez estre ensaigniez,
Reclamez Dieu, si vos seigniez.
Ge crieng que en vos se soit mis
Ou fantosmes ou enemis
Qui ainsi vos ait desvoié.
— Or m'avez vos bien avoié, »
Fait il; « se vos voloie croire,
Volez me vos faire mescroire
Ce que ge tieng à mes .II. mains ;
A vostre char pert il al mains
Qu'as esperons vos fis merveille :
De nule riens n'ai tel merveille
Con de ce que vos estes vive.
— Ja Dieu ne place que ge vive, »
Fait cele qui par guile pleure,
« S'onques hersoir de nès une eure

Me donastes cop ne colée. »
Tantost a la robe levée,
Si li mostre costez et hanches,
Et les braz et les cuisses blanches,
Et le vis qu'el n'ot pas fardé.
Par tot a li sires gardé,
Mais n'i voit nès une bubete :
Bien guile la dame et abete
Son seignor qui tant s'en espert :
« Dame, » fait il, « itant se pert
Qui feme bat s'il ne la tue;
Ge vos avoie tant batue,
Que ge de fi savoir cuidoie
Que jamais n'alissoiz par voie :
Certes se vos bone fussiez,
Jamais par voie n'alissiez.
Or vos ont Malfé respassée,
Mais n'iert pas si tost trespassée
La grant honte que vos avroiz;
Ja si garder ne vos savroiz
De voz treces qu'avez perdues :
.II. ans les avroiz atendues,
Ainz que soient en lor bon point.
— Sire, » fait el, « .I. tot seul point
N'i a de ce que vos me dites :
Grant tort avez qui me mesdites.
Onques hersoir por nul corroz
Ne fu de mon chief cheveus roz,
Se Dieus me giet de ceste place. »
Maintenant le coissin deslace,

Si a les treces avant traites
Qu'il i cuidoit avoir fors traites :
« Sire, » fait la dame, « veez ;
Ge cuit qu'il fu jor deveez
Quant du destre braz vos seignastes,
Ou mauvaisement vos seignastes
Hersoir au couchier, ce m'est vis,
Vos avez si trouble le vis
Et les elz que ne veez goute.
Espoir il vos avint par goute,
Ou par avertin, se Dé vient,
Ou ce est fantosme qui vient
As genz por aus faire muser,
Et por aus folement user,
Et por faire foler la gent :
Au chief du tot devient nient,
Quant il a fait foler le siecle,
Tot quanqu'il a fait si despiece ;
Beaus sire, dites moi por Dieu
Me dites vos tout ce par geu ? »
Son seignor de ce se merveille,
Et si s'esbahist et merveille,
Lors lieve sa mein, si se saigne,
Mais la dame pas ne s'en saigne
De riens que la nuit fet eüst,
Mais encor pas ne se teüst
Qui li donast tote Prouvence ;
Monstrer en cuide la provence,
Quar il cuide qu'il ait apostes
Les tresces qu'il avroit repostes.

Maintenant le coissin sozlieve,
Mais a poi li cuers ne li crieve
Quant il a trovée la quoue :
« Or voit il tot à male voe, »
Fait il, « se Dame Dieus n'en pense ;
J'ai hui fait une tel despensse
Qui m'a cousté .L. livres :
Bien ai esté desvez et yvres
Quant j'ai escorté mon cheval. »
Lors li veïssiez contreval
Les lermes couler sor la face,
Mais il ne set mais que il face,
Tant est dolenz et abosmez
Que il cuide estre enfantosmez.
Et si est il, n'en doutez mie.
Lors apele la dame aïe
Sainte Marie mon seignor,
Si se demaine à deshenor.
Li sires li respont ainsi :
« Dame, » fait il, « dolenz en sui ; »
Si li a dit isnel le pas :
« Dame, » fait il, « ne prenez pas
A mon forfet ne à mes diz :
Ge vos en cri par Dieu merciz. »
Et la dame li respondi :
« Beau doz sire, devant Dieu ci,
Le vos pardoing molt bonement :
Dieus gart vostre cors de torment
Et d'ennemi et de fantosme !
Sire, voés vos à Vendosme,

Que li oeil vos sont ennubli ;
Ne le metez mie en oubli,
Ne requerez respit ne terme,
Mais alez à la seinte Lerme :
Bien sai, quant vos l'avroiz veüe,
Que Dieus vos rendra la veüe. »
— Dist il : « Dame, vos dites voir :
Ge vorrai le matin movoir,
Quar du veoir ai grant envie. »
Et au matin pas ne s'oublie ;
Le chevaliers chose ne dist,
Se la dame le contredist,
Qu'il ne cuisdat ce fust mençoinge
Ou qu'il l'eüst trouvé en songe.
 Par cest fableau poez savoir
Que cil ne fait mie savoir
Qui de nuiz met sa feme hors :
S'el fait folie de son cors,
Quant el est hors de sa maison,
Lors a ele droite achoison
Qu'ele face son mari honte.
Ici vueil definer mon conte.

Explicit des Tresces.

XCV

LE VILAIN DE FARBU

[PAR JEAN DE BOVES]

Paris, Bibl. nat., Mss. fr. 2168, fol. 45 r° à 45 v°, et
Bibl. de Berne, Mss. 354, fol. 10 v° à 11 v°.

SEGNOR, à .I. jour qui ja fu,
Avint k'uns vilains de Farbu
En devoit aler au marcié;
Et se femme li ot carchié
.V. et maille por enploiier,
Si com vous m'orrés fabloiier :
.III. maailles por .I. rastel,
Et .I. denier por .I. gastel
Qu'ele voloit avoir tout tendre,
Et .III. deniers por son despendre.
Ceus en sa borse li bouta,
Son escot bien li aconta
Sa femme ançois k'aler l'en laisce :
Entre makeriaus et cervaisce
Aront en .I. denier à plain,
Ce dist, et .II. deniers au pain,
C'est assés por lui et son fil.
Atant par l'uis de lor cortil,
Se met li vilains au cemin;
Son fil maine aveuc lui Robin,

Por çu qu'il aprenge et amorge.
   El marcié devant une forge
Ot uns feuvres .1. caufer mis
Por les faus et les esbahis
Que mout souvent i decevoit.
Li vilains garde, si le voit;
A son fil a dit à droiture
Que fers est boine trouveüre.
Robins lés le fer s'agenoille,
Si race sus et si le moille,
Et li fers commence à boulir,
Ki caus estoit, de grant aïr.
Quant Robins voit le fer si caut,
Si n'a talent ke il le baut,
Ançois s'en torne et nel vaut prendre.
Li vilains ki fu à aprendre
Li dist por qu'il ne l'avoit pris :
« Por çou qu'il ert de fu espris,
Li fers que vous aviés trouvé.
— A quoi, » fait il, « l'as esprouvé?
— A çou que desus escopi,
Et il tantost frist et bouli,
K'il n'a sous ciel fer, s'on le moulle ;
Pour qu'il soit bien caus, qu'il ne boulle :
Lors sel puet on ensi savoir.
— Or m'as tu apris .1. savoir, »
Fait li vilains, « que je mout pris,
Car mainte fois ai ore pris
A la langue et au doit tel cose
Qui mout m'ardoit à la parclose ;

Mais quant mestier mais en arai,
Tout ensi esprover vaurai. »
    Atant vienent à .I. ostel,
U on vendoit et pain et el,
Vin et cervoise et makeriaus.
Robins, qui mout fu lequeriaus,
Dist lues qu'il en voloit avoir.
Atant esmerent lor avoir :
Si ont trouvé .v. et maaille ;
Les trois deniers sans nule faille
Ont si despendu au disner,
N'i ot n'à venir n'à torner,
Puis ont acaté .I. rastel
.III. maailles, et .I. gastel
.I. denier, maufait, plain de lie.
Robins en son giron le lie,
Et li vilains le rastel porte.
Atant s'en iscent par la porte :
Le cemin vienent en maison.
Sa femme le met à raison,
Ki l'uis devers le courtil ouevre,
De lait sanlant n'i fesist oeuvre
Papeoire n'arbalestiaus :
« U est, » fait ele, « mes gastiaus?
— Vés le ci, » fait il, « mais, mon vueul,
En feriés vous .I. morteruel
Orendroit, car je muir de fain. »
Cele alume le fu d'estrain :
Si a mis au haster sa cure,
Et Robins le paele escure.

Si se hastent d'atorner mout.
Tantost con la paele bout,
Li vilains mout s'en esgohele,
Dist c'om li drece s'escuele
En la profonde u seut mengier,
« Car ne le veul ore cangier,
Ke souvent j'ai foi trouvée. »
Cele li enple si huvée
Ke toute est plaine d'our en our.
Onques n'i quist louce menor
Que cele dont on muet le pot,
Mais si plaine com onques pot
U morteruel boulant le puise,
Puis race sus qu'il ne se quise,
Si com Robins sur le fer fist;
Mais li mortereus pas ne frist
Ki boulis fu au fu d'esteule,
Et li vilains bée le goule :
Si jete ens à une volée
La plus dolereuse goulée
Dont il onques se repeüst,
Car ançois que il le peüst
Avoir enduite n'engloutie,
Li fu si la langue acrapie,
Et la gorge si escaudée,
Et si mal mise la corée,
K'il ne pot ne racier n'enduire,
Ains li est biens avis qu'il muire;
Si jete une coulor vermelle :
« Certes, » fait Robins, « grant mervelle

Voi qu'encor ne vous savés paistre.
— Ha, Robin, » fait il, « puans quaistre,
Par toi sui jou si atornés
Que maus jors te soit ajornés !
Car je te creï com dolans,
Si 'n ai la langue arse dedens
Trestoute et le cuir raauclé.
— N' avés mie dont bien souflé ?
Que ne souflastes assés ains ?
— Ja ne souflas tu mie orains
Sour le caut fer que je trovai.
— Non, plus sagement l'esprouvai :
Ore raçai sus pour mouillier.
— Ausi fis jou sus ma cuillier :
Si me sui tous quis, » fait li pere.
— Sire, » fait Robins, « par saint Pere,
Jamar de çou serés douteus ;
Caus fers n'est mie mortereus. »

 Segnor, à çou vous en tenés :
Si est mais li siecles menés
Que li fius engigne le pere,
Si n'ert mais jors qui ce ne pere
Ci et aillors, si com je cuit,
Car plus sont li enfant recuit
Que ne sont li viellart barbu,
C'avint au vilain de Farbu.

Explicit.

XCVI

ESTULA

Paris, Bibl. nat., Mss. fr. 837, fol. 227 v° à 228 v°, et
19152, fol. 51 r° à 51 v°; Bibl. de Berne, Mss. 354,
fol. 116 r° à 117 r°.

Il estoient jadis dui frere
Sanz conseil de pere et de mere,
Et tout sanz autre compaignie;
Povretez fu bien lor amie,
Quar sovent fu en lor compaingne,
Et c'est la riens qui plus mehaingne
Cels entor qui ele se tient :
Nus si granz malages ne vient.
Ensamble manoient andoi
Li frere, dont dire vous doi.
Une nuit furent mout destroit
De soif et de fain et de froit;
Chascuns de ces maus sovent tient
A cels qui povretez maintient.
.I. jor se pristrent à pensser
Comment se porroient tensser
Vers povreté qui les apresse;
Sovent lor fet sentir mesese.

Uns mout renommez riches hon
Manoit mout près de lor meson :
Cil sont povre, li riches fols
En son cortil avoit des chols,
Et en l'estable des brebis :
Andui se sont cele part mis.
Povretez fet maint homme fol :
Li uns prent .i. sac à son col,
L'autres .i. coutel en sa main,
Ambedui se sont mis au plain.
L'uns entre el cortil maintenant,
Puis ne vait gueres atardant,
Des chols trencha par le cortil.
L'autres se trest vers le bercil
Por l'uis ouvrir : tant fet qu'il l'uevre,
Avis li est que bien vait l'uevre,
Tastant vait le plus cras mouton.
Mais adonc encor seoit on
En l'ostel, si c'on tresoï
L'uis du bercil, quant il l'ouvri.
Li preudom apela son fil :
« Va veoir, » dist il, « el cortil,
Que il n'i ait rien se bien non :
Apele le chien de meson. »
Estula avoit non li chiens ;
Mès de tant lor avint il biens
Que la nuit n'ert mie en la cort.
Et li vallès prenoit escout :
L'uis devers la cort ouvert a,
Et crie : « Estula, Estula ! »

Et cil du bercuel respondi :
« Oïl voirement, sui je ci. »
Il fesoit mout obscur et noir,
Si qu'il nel pot apercevoir
Celui qui si respondu a.
En son cuer bien por voir cuida
Que li chiens eüst respondu.
N'i a puis gueres atendu ;
En la meson droit s'en revint,
Grant paor ot quant il i vint :
« Qu'as tu, biau filz ? » ce dist li pere.
« — Sire, foi que je doi ma mere,
Estula parla or à moi.
— Qui, nostre chien ?— Voire, par foi,
Et se croire ne m'en volez,
Huchiez le errant, parler l'orrez. »
Li preudom maintenant s'en cort
Por la merveille, entre en la cort,
Et hucha Estula, son chien.
Et cil qui ne s'en gardoit rien,
Li dist : « Voirement sui je çà. »
Li preudom grant merveille en a :
« Par toz sains et par toutes saintes,
Filz, j'ai oï merveilles maintes,
Onques mès n'oï lor pareilles :
Va tost, si conte ces merveilles
Au prestre; si l'amaine o toi,
Et li di qu'il aport o soi
L'estole et l'eve beneoite. »
    Cil, au plus tot qu'il puet, s'esploite

Tant qu'il vint en l'ostel au prestre.
Ne demora gueres en l'estre,
Vint au provoire isnelement :
« Sire, » dist il, « venez vous ent
En meson oïr granz merveilles :
Onques n'oïstes lor pareilles.
Prenez l'estole à vostre col. »
Dist le prestre : « Tu es tout fol,
Qui or me veus là fors mener ;
Nus piez sui, n'i porroie aler. »
Et cil li respont sanz delai :
« Si ferez, je vous porterai. »
Li prestres a prise l'estole,
Si monte sanz plus de parole
Au col celui, et il s'en va
La voie : si comme il vint là,
Qu'il voloit aler plus briefment,
Par le sentier tout droit descent,
Là où cil descendu estoient,
Qui lor viande porchaçoient.
Cil, qui les chols aloit coillant,
Le provoire vit blanchoiant,
Cuida que ce fust son compaing
Qui aportast aucun gaaing ;
Se li demanda par grant joie :
« Aportes tu riens ? — Par foi, oie, »
Fait cil qui cuida que ce fust
Son pere qui parlé eüst.
« Or tost, » dist il, « gete le jus :
Mes coutiaus est bien esmolus,

Je le fis ier moudre à la forge,
Ja avra copée la gorge. »
Et quant li prestres l'entendi,
Bien cuida c'on l'eüst trahi :
Du col celui est jus saillis,
Si s'en fuit trestoz esmaris;
Mès son soupeliz ahocha
A .1. pel, si qu'il remest là,
Qu'il n'i osa pas tant ester
Qu'il le peüst du pel oster.
Et cil qui les chols ot coillis,
Ne fu mie mains esbahis
Que cil qui por lui s'en fuioit :
Si ne savoit que il avoit ;
Et neporquant si va il prendre
Le blanc que il vit au pel pendre ;
Si sent que c'est uns soupelis.
Atant ses freres est saillis
Du bercil atout .1. mouton.
Si apela son compaignon
Qui son sac avoit plain de chols ;
Bien ont andui carchié les cols.
Ne voudrent plus lonc conte fere,
Andui se sont mis el repere
Vers lor ostel qui lor fu prest.
Lors a cil moustré son conquest,
Qu'ot gaaignié le soupelis ;
Si ont assez gabé et ris,
Que li rires lor fu renduz,
Qui devant lor fu desfenduz.

En petit d'eure Dieus labeure,
*Tels rit au main qui au soir pleure,
Et tels est au soir corouciez
Qui au main est joianz et liez.*

Explicit d'Estula.

XCVII

DE BARAT ET DE HAIMET

ou

DES TROIS LARRONS

[PAR JEAN DE BOVES]

Paris, Bibl. nat., Mss. fr. 837, fol. 51 r° à 54 r° et 19152,
fol. 52 r° à 54 r°; Bibl. de Berne, Mss. 354,
fol. 103 v° à 108 r°.

Cis fabliaus dist, seigneur baron,
Que jadis furent troi larron
D'une compaignie assamblé :
Maint avoir avoient emblé
A gent de siecle et à convers.
Li uns avoit à non Travers ;
As autres .II. n'apartenoit,
Mès lor compaignie tenoit.
Li autre estoient germain frere,
S'avoit esté penduz lor pere ;
C'est à larron daarrain mès.
Li uns avoit à non Haimès,
Et Baras ses freres germains,
Qui ne resavoit mie mains
Du mestier con li autre doi.
.I. jor s'en alerent tuit troi

Par mi .i. bois haut et creü.
Haimès garde, si a veü
Desus .i. chesne .i. ni de pie;
Desouz vait, si gaite et espie
Tant que bien aperçoit et voit
Que la pie ses oes covoit.
Travers le moustre et puis son frere :
« Seignor, ne seroit il bons lere, »
Fet il, « qui ces oes porroit prendre,
Et si souëf atout descendre,
Que la pie mot n'en seüst ?
— N'est hom qui fere le peüst
En cest monde, » ce dist Baras.
— Certes, si est, ja le verras, »
Fet il, « se me veus esgarder;
Ne s'i savra si bien garder
Que ja ne li coviegne perdre. »
Atant se vait au chesne aerdre,
Plus souëf que ne monte lampe :
Contremont le grant chesne rampe,
Con cil qui bien se sot repondre ;
Au ni vient, par desouz l'esfondre,
Tout coiement les oes en trait,
Tout belement et tout atrait,
Puis descendi jus trestoz liez.
Aus compaignons s'est adreciez,
Ce qu'il aporte moustre lues :
« Seignor, » dist il, « vez ci les oes;
Cuire les poez en .i. fu.
— Certes ainz telz lerres ne fu, »

Fet Barras, « con tu es, Haimet ;
Mès or va, si les i remet,
Puis dirai toz nous as passez.
— Certes ja n'en ert oes quassez, »
Fet cil, « et si seront remis. »
Atant s'est au chesne repris,
Et s'en va contremont rampant ;
Mès n'ot gueres alé avant,
Quant Baras s'est aers au fust,
Qui plus ert que Haimés ne fust
Del mestier engingneus et sages.
Plus coiement que ras evages
Le siut après de branche en branche,
C'onques cil n'en ot remembrance,
Des compaignons ne cremoit nul.
Et puis li emble de son cul
Ses braies, si l'a escharni ;
Et cil remet les oes ou ni.
Baras, qui son frere deçut,
Sus le chesne plus n'arestut,
Ainz descendi isnelement.
Qui donc veïst Travers dolent,
Tel duel a por poi qu'il ne font,
Quant ne puet fere ce qu'il font,
Et si ot toz jors entendu.
Atant ez Haimet descendu :
« Seignor, » dist il, « que vous en samble ?
Doit bien vivre qui si bien emble.
— Je ne sai qu'il m'en puist sambler, »
Dist Baras, « trop sez tu d'embler,

Mès je pris mout poi ton savoir,
Quant tu braies ne pues avoir :
Vers toi mauvesement te prueves.
— Si ai, » fet il, trestoutes nueves,
Dont j'emblai l'autre jor la toile;
Et m'en vienent jusqu'à l'ortoile.
— Li tijuel issi sont il lonc,
Sire ? quar les nous moustrez donc, »
Fet Baras, « et si les verrons. »
Haimès soulieve ses girons :
De ses braies nules ne vit,
Ainz vit ses coilles et son vit
Trestout descouvert nu à nu :
« Dieus, » fet il, « que m'est avenu ?
Por le cul Dieu où sont mes braies ?
— Je ne cuit pas que tu les aies,
Biaus compains, » ce li dist Travers;
« N'a tel larron jusqu'à Nevers
Comme est Baras, si con moi samble.
Bien est lerres qui larron emble;
Mès je n'ai avoec vous mestier,
Quar je n'ai de vostre mestier
Vaillant .IIII. deniers apris;
Teus .C. foiz seroie je pris,
Que vous eschaperiez par guile.
Je m'ent irai à nostre vile,
Là où j'ai ma fame espousée.
Folie avoie ore en penssée,
Qui voloie devenir lerres;
Je ne sui fols ne tremelerres,

Ainz me sai mout bien ahaner,
Et bien soier et bien vaner,
Et tant fort me sent et delivre
Que bien gaaignerai mon vivre,
Se Damedieu vient à talant;
Je m'en vois, à Dieu vous commant. »
    Atant s'en departi Travers,
Tant va de tort et de travers,
Qu'il est venuz en son païs,
Ou il n'estoit mie haïs
De sa fame dame Marie,
Qui mout belement s'ert garie.
A mout grant joie le reçut,
Si con son seignor fere dut.
Or est Travers entre les suens,
Mout par fu saiges hom et buens,
Et mout volentiers gaaingna ;
Tant aquist et tant conquesta,
Qu'il ot assez et .I. et el.
.I. bacon fist contre Noel
D'un porc qu'il ot en sa meson
Norri trestoute la seson :
Bien ot plaine paume de lart.
Travers l'avoit à une hart
Au baus de sa meson pendu.
Mieus li venist avoir vendu,
· Si fust de grant paine delivres,
Quar ce nous raconte li livres,
C'un jor estoit Travers alez
A .I. boschet iluec delez

Por fere amener des garas ;
Ez vous que Haimès et Baras
Aloient querre garison :
S'asenerent à sa meson.
Sa fame ont trovée filant
Cil qui vont le siecle guilant ;
Dient : « Dame, où est voz barons ? »
Cele ne connut les larrons :
« Seignor, » dist ele, « il est au bos
Por fere amener des fagos.
— De par Dieu, » font il, « puist ce estre ! »
Lors s'assiéent, s'esgardent l'estre,
Les angles et les repostailles :
N'i remest celier ne cenailles ;
Tout regardent de chief en chief.
Baras dreça amont son chief,
S'a veü entre .ii. bracons,
Penduz i estoit li bacons.
Tantost l'a moustré à Haimet,
Puis dist : « En grant peine se met
Travers d'avoir amonceler :
Mout se set bien por nous celer
En sa chambre et en sa despensse,
C'est por espargnier sa despensse.
Ne veut que nous riens li coustons,
Ne que nous anquenuit goustons
De cel bacon ne de cel lart :
Si ferons voir, se feus ne l'art. »
Lors s'en vont, quant pris ont congié ;
Lez une haie sont mucié,

Chascuns a aguisié .I. pel.
Travers revint à son ostel,
Qui gueres n'a le jor conquis :
« Sire, .II. hommes vous ont quis, »
Fet sa fame dame Marie,
« Qui toute m'ont fete esmarie,
Quar j'estoie seule en meson :
Ne me distrent ne o ne non,
S'avoient mout laide veüe ;
N'avons chose n'aient veüe
Qui fors de chambre soit desclose,
Ne no bacon, ne autre chose,
Coutel, ne sarpe, ne congniée ;
La meson ont bien encligniée,
Que lor oill totes parz voloient,
Ainz ne me distrent qu'il voloient,
Ne je de rien ne lor enquis.
— Bien sai que sont et qu'il ont quis, »
Dist Travers, « veü m'ont sovent ;
Noz bacons a fet son covent :
Perdu l'avons, jel vous pramet,
Quar entre Barat et Haimet
Le vendront anquenuit poruec ;
Por noient l'avons mis iluec,
De ce sui je trestoz seürs.
Bien m'avoit ore maus eürs
Fet bacon si tempre tuer :
Certes l'en me devroit huer,
Quant samedi ne l'alai vendre.
— Sire, quar l'alomes despendre, »

Fait sa feme, « por esprover
Se nos le porrions tenser ;
Se li bacons est mis à terre,
Il ne le savront mès où querre,
Quant ne le troveront pendant. »
Tant li fait sa feme entendant,
Que Travers monte cele part :
Maintenant a copé la hart,
Et li bacons chaï en l'aire.
Or n'en sevent il mais que faire,
Mais que sor son siege le lait,
Si le covrirent d'une met :
A grant paine s'en vont gesir.
  Cil qui du bacon ont desir,
Vindrent quant il fu anuitié ;
A la paroit ont tant luitié,
Que .I. treu firent souz la suele,
Par où entrast bien une muele.
Ne sejornent pas longuement,
Ainz entrent enz communement,
Puis vont tastant par la meson.
Baras, où point n'ot de reson,
Lerres fu angoisseus et fel :
Tant oirre de baus en estel,
Qu'il est venuz au hardeillon
Où il vit pendre le bacon.
Tant senti de chascune part,
Qu'il trova copée la hart
Où li bacons estoit penduz.
  Puis est à terre descenduz,

Et s'en revint droit à son frere ;
En l'oreille li dist li lere
Qu'il n'a pas le bacon trové :
« Vois, » fet il, « du larron prové !
Le cuide il vers nous tensser ?
Folie li feroit pensser. »
Lors commencent à oreillier,
Tant qu'il oïrent sommeillier.
Travers qui n'osoit reposer,
A sa fame prist à parler
Qui .I. poi estoit esclignie :
« Dame, » fait il, « ne dormez mie ;
Dormir n'est or pas de seson,
Aler vueil aval la meson,
Quar savoir vueil s'il i a ame.
— De par Dieu, sire, » dist la dame.
Travers qui estoit sages hom,
Se lieve et va par la meson,
Qui ainc n'i ot braie chaucie ;
.I. poi a la met soushaucie :
S'a desouz le bacon senti,
De ce fu il puis escharni.
En l'estable vint à sa vache,
En sa main tint une grant hache :
Mout fu liez quant il la trova,
Et Baras vers le lit s'en va
Tout coiement devers l'esponde.
Or est droiz que je vous desponde
Con cil lerres fu de grant cuer :
« Marie, » dist il, « bele suer,

Je vous deïsse une grant chose,
Mès mon cuer dire ne vous ose,
Que vous m'en tendriez por fol.
— Non ferai, sire, par saint Pol,
Ainçois vous en conseillerai.
— Et je donques le vous dirai, »
Fet cil qui au lit s'est toz mis :
« Orains quant je fui endormis,
Une si grant paor me vint,
Que onques puis ne me sovint
Où ersoir no bacon meïsmes ;
Je ne sai que nous en feïsmes,
Tant par fu mes songes divers.
— Dieus aïe, sire Travers, »
Fet ele, « con ci a mal plet,
Dont n'est il desouz cele met,
Sor ce lesson acouvetez ?
— En non Dieu, suer, c'est veritez, »
Fait cil, « et ge irai sentir. »
Onques ne l'en daigna mentir,
La met hauce, le bacon prent,
Puis vient là où Haimès l'atent,
Qui iluec li estoit bien près.
Bien ont or cunchié Travers.
Lez le boschet sont avoié,
Bien a l'uns l'autre convoié,
Que l'uns avoit l'autre mout chier.
Atant revint Travers couchier,
S'a mout bien les huis refermez :
« Certes, bien estes enyvrez, »

Dist sa fame, « et chetis à droit,
Qui demandastes orendroit
Que nos bacons ert devenuz. »
Ainc mès hom si desconneüz
Ne fu mès en si petit d'eure :
Quant, » fet il, « se Dieus te sequeure?
—Orainz, sire, se Dieus me saut.
—Suer, noz bacons a fet .I. saut : »
Jamès, » dist il, « ne le verrons,
Se je ne l'emble à ces larrons :
N'a teus larrons en nule terre. »
Travers saut sus, si va requerre
Les larrons qui l'ont enchanté,
Et son bacon en ont porté.
Mout ot cele nuit de torment.
Il s'adreça par .I. forment,
Si les sivi les grans galos ;
Il se mist entr'eus et le bos.
Haimès s'en va toute une orgiere,
Mès Baras ert auques arriere,
Que le bacon nel lessoit corre.
Travers qui le voudra rescorre,
Vint vers lui le grandisme pas :
« Donc ça, » dist il, « trop est las ;
Tu l'as ore porté grant pose,
Mès or te sié, si te repose. »
Cil cuide avoir trové Haimet,
Le bacon sor le col li met ;
Travers lesse de maintenant,
Grant aleüre va devant,

Et Travers s'en retorne arrier
Vers sa maison le droit sentier.
Baras cuide bien qu'il le sive,
Mès Travers fera ja la sive,
Se il puet, et il le set fere.
Atout le bacon s'en repere,
Qu'il a vaillaument secoru,
Tant a après Barat coru.
Mès Baras n'ot gueres alé,
Quant il a Haimet encontré ;
Et quant il l'a aconseü,
Si a si grant paor eü,
Por ce qu'il le cuidoit derriere,
Qu'il cheï en mi la charriere.
Et, quant cil le vit trebuchier,
Se li commença à huchier :
« Lai le moi porter une piece,
Je ne cuit pas que il me chiece
Icil bacons si con tu fais ;
Mout en as ore eü grant fais :
Avoir carchié le me deüsses.
— Je cuidoie que tu l'eüsses, »
Fet cil, « se Dieus me doinst santé.
Mès Travers nous a enchanté,
C'est cil qui le bacon en porte ;
Mès je li ferai une estorte,
Se je puis, avant qu'il ajorne. »
Grant aleüre s'en retorne,
C'onques n'i quist plus longue atente.
    Travers aloit une autre sente,

Tout belement et tout en pès,
Si con cil qui ne cuidoit mès
Avoir garde de nule chose.
Baras li vint à la parclose,
Qui de corre ot la pel moillie;
Sa chemise avoit despoillie,
Sor son chief la mist toute blanche,
Trestout en autretel samblance
Con s'il fust fame, se deporte :
« Lasse, » dist il, « comme or sui morte,
Que me tient Dieus quant je n'enrage,
Quant si grant paine et tel domage
Ai eü par ces .II. larrons !
Dieus ! où est alez mes barons,
Qui tant a grant duel orendroit? »
Travers cuide sa fame soit,
Le bacon de sor son col tient :
« Suer, » dist il, droit à droit revient,
Quar je raport nostre bacon;
Touche le .III. foiz à ton con :
Si ne le porrons jamès perdre. »
Et cil cort le bacon aerdre,
Qui jamès nel cuidoit tenir :
« Lessiez m'en, » dist il, « couvenir;
Ralez vous en, sire Travers,
Que g'i voudrai tout à envers,
Et cul et con .III. foiz touchier;
Bien vous poez aler couchier,
Que je ne l'os fere de honte. »
 Travers par .I. sentier s'en monte,

Et cil le prent par le hardel,
Si l'en porte comme .1. fardel,
Et Travers s'en va maintenant :
Sa fame a trovée plorant
Si tost comme à son ostel vint :
« Certes, Marie, mès n'avint, »
Fet il, « se ne fu par pechié :
Je te cuidoie avoir carchié
Le bacon deseur cel cortil ;
Or sai je bien que ce sont cil
Qui le me sont venu embler.
Dieus! comment pot il resambler
Si bien fame en fet n'en parole?
Entrez sui en male carole,
Et mal fust il onques bacons,
Qu'ainçois ne remaindroit tacons
Ne semele desouz ma plante,
Qu'encore anuit ne lor sousplante,
Se Dieus le mes lesse trover.
Encor m'i voudrai esprover,
Puisque tant m'en sui entremis. »
Dont se'rest à la voie mis,
Et quant il fu ou bois entrez,
Si a veü clartez de feu
Que cil alumé i avoient,
Qui mout bien fere le savoient.
Travers s'en vint delez .1. chesne
Et ot con chascuns se deresne.
Baras et ses freres Haimès
Dient que du premerain mès

Voudront de cel bacon mengier,
Ainz c'on lor puist les dez changier.
Lors vont concueillir des sechons;
Et Travers vint à demuchons
Au chesne où le feu alumoit;
Mès la busche ert vert, si fumoit,
Si qu'issir n'en pooit la flambe,
Et dans Travers le chesne enjambe.
Tant vint par branches et par rains
Qu'il vint desus as daarrains.
Le bacon embler ne lor daingne,
Et cil aportent de la laingne
Et getent ou fu à manées :
Dient qu'il feront charbonées
Du bacon, et Travers l'entent.
Par le braz au chesne se pent;
Si a deslié ses tigieus.
Haimès geta amont ses ieus,
Et voit celui sor eus pendu,
Grant et hideus et malostru,
Et fu toz nus en sa chemise.
« Barat, noz pere nous ravise, »
Fet il, « en mout laide samblance :
Vois comme il pent à cele branche;
C'est il, nel mescreez vous pas?
— Dieus aïde, » ce dist Baras,
« Il samble qu'il doie avaler. »
Le geu gaaingnent par aler;
Andui sont en fuie torné,
Qu'il n'ont le bacon adesé,

C'onques n'orent tant de loisir.
Et quant cil ne les pot choisir,
Sor le chesne plus ne sejorne ;
Le bacon prent et si s'en torne
Vers son ostel le droit sentier ;
Tost l'en a reporté arrier
Que onques riens n'en fu à dire.
Sa fame li commence à dire :
« Sire, bien soiez vous trovez,
Mout par vous estes bien provez,
Ainc mès hom si hardiz ne fu.
— Suer, » dist il, « alume le fu,
Et pren de la busche en l'estuire :
Il nous covient no bacon cuire,
Se nous volons qu'il nous remaingne. »
Cele alume le fu de laingne,
Si met de l'eve en la chaudiere,
Puis le pendi à la hardiere ;
Et Travers trenche le bacon
Tout belement et sanz tençon,
Qui mout li avoit fet de paine.
S'en fu près la chaudiere plaine,
Quant toz li bacons fu tailliez :
« Bele suer, » dist il, « or veilliez
Lez cel fu, si ne vous anuit ;
Et je, qui ne dormi anuit,
Me reposerai .i. petit
Trestoz vestuz dedenz mon lit :
Ne sui pas encor bien seürs.
— Sire » dist ele, » maus eürs

Les aportera ça huimès :
Dormez vous en bien et en pès,
Ja ne vous en feront mès tort. »
Cele veille et Travers se dort,
Qui mout desirroit le repos.
Et Baras se demente el bos,
Bien set Travers l'a escharni,
Quant du bacon l'a desgarni.
« Certes, » dist il, « par povre cuer
Avons no bacon rué puer ;
Et Travers l'a par son barnage :
Bien en puet fere son carnaige,
Ne cuit que il jamès le perde.
Bien nous doit or tenir por merde,
Se ainsi li lessons avoir.
Alons à son ostel savoir
Comment il en a esploitié. »
Tant se sont de l'aler coitié
Qu'il sont revenu à son huis.
Baras garde par .I. pertuis,
Et voit que la chaudiere bout.
Sachiez qu'il li anuie mout.
« Haimet, » fet il, « li bacons cuit ;
Mout me grieve forment et nuit
Que nous ne li poons tolir.
— Or le lai, » dist Haimès, « boillir,
Et la char tant qu'ele soit cuite,
Que je ne li claim mie cuite ;
Ma paine li covendra soudre. »
Une longue verge de coudre

Prent, si l'aguise d'un coutel ;
Puis est montez sor le bordel,
Si le descuevre iluec endroit
Là où la chaudiere boilloit.
Tant osta de la couverture,
Que il vit par mi l'ouverture
La fame Travers sommeillier,
Qui lassée estoit de veillier :
La teste aloit jus embronchant.
Et cil avale le perchant,
Qui plus estoit aguz d'un dart ;
Par mi une piece de lart
Le fiert si droit comme à souhait ;
Hors de la chaudiere l'atrait.
Ainsi qu'il amont la levoit,
S'esveille Travers, et le voit,
Qui fors lerres ert et rubestes :
« Seignor, » dist il, « qui lasus estes,
Vous ne me fetes pas reson,
Qui me descouvrez ma meson ;
Ainsi n'avrons nous jamès fait.
Partez si que chascuns en ait,
Du bacon, et si descendez :
Prenez en, et si m'en donez,
Que chascuns en ait sa partie. »
Cil descent et si ont partie
La char Travers, voiant ses ieus,
Et si en firent .iii. moncieus ;
N'i lesserent que sozpeser
Sa fame font les loz giter,

Dont li dui frere les .ii: orent,
Mès onques Travers, se il porent,
N'en porta le meillor moncel;
Et si ot norri le porcel.
   Por ce vous di, seignor baron:
Male est compaignie à larron.

Explicit de Barat et de Haimet

XCVIII

DE JOUGLET

[PAR COLIN MALET]

Paris, Bibl. nat., Mss. fr. 837, fol. 116 r° à 118 r°,
et Londres, Mus. brit., Mss. add. 10289,
fol. 175 v° à 178 v°.

Jadis avoit en Carembant
Une riche vielle manant
A une vilete champestre :
.I. fil avoit qui menoit pestre
Toute jor en champ ses brebis ;
Mout estoit fols et entombis
De fol sens et de fole chiere ;
Sa mere n'avoit rien tant chiere
Qui veve estoit, n'ot plus enfant.
Li vallès crut et devint grant.
S'il fust sages, assez fust genz,
Mès il croissoit devant son sens :
Ausi font encor, tels i a.
La vielle, sa mere, espia
.I. vavassor mout endeté ;
Une fille ot de grant biauté
Qui bien et mal assez savoit,
Et por ce que la vielle avoit

Bons cortiz et bon heritage,
Voloit fere le mariage
Du vallet et de la meschine.
.I. jor, por veoir le couvine,
A pris la vielle .I. sien mantel,
De .II. qu'ele en ot le plus bel,
L'un de taissons, l'autre de chas :
A son col le pent par le las ;
Bien s'apareille gentement,
Au mez s'en vint isnelement
Là où li vavassors manoit.
Venue i fu or : « Dieus i soit !
Bien viegniez vous, dame Ermengart.
— Dieus soit o vous, sire Girart !
Comment vous baretez vous ore ?
— Par foi, je doi assez encore
Qui vaut plus de .LX. livres.
— En volez vous estre delivres ?
— Oïl, mès je ne sai comment.
— Bien vous dirai comfetement
Ne devrez vaillant une bille.
— Comment ? — Donez Meheut vo fille
A fame mon fil Robinet :
Trop bele branche de vallet
A en lui et trop bien seant,
Et si ne set ne tant ne quant
Ne de taverne ne de jus. »
Tant parlerent et sus et jus
Qu'il en firent le mariage :
Si les dut tenir en mesnage

Li vavassors .v. anz entiers.
Ainsi l'otrient volentiers
Et pristrent jor des noces fere.
La vielle s'est mise el repere,
Qui plus ne vaut iluec muser.
Quant vint au jor de l'espouser,
La vielle charga Robinet
Son fil .i. menestrel Jouglet,
Que il au moustier le menast
Et apreïst et enseignast,
Qu'il estoit sages et soutieus,
Et ses filz estoit enfantieus.
Jouglès mout volentiers le fist,
Mès onques bien ne li aprist
Ne riens que li eüst mestier,
Quar, ainz c'on alast au moustier,
Le mena en .i. plaisseïs
A .i. perier d'estrangleïs :
Si le fist deseure monter.
Robins commença à brouster
De ces poires à grant esploit,
Et Jouglès, qui fol le veoit,
Metoit les keues en .i. gant,
Puis li dist que il menjast tant
De ces poires à tout le mains
Que son gant fust de keues plains,
Quar ce li covenoit il fere.
Robins n'ot soing de tel afere,
Ainz li dist que il ne porroit
Et qu'il a le ventre si roit,

Et s'est si plains et si enflez,
Qui li donroit .IIII. citez,
Ne feroit il ce qu'il li rueve,
Et Jouglès, qui la borde trueve,
Li dist que fere li covient :
Puis que li hom à fame vient,
C'est droiz, à fere li estuet.
Robins dist bien que il ne puet,
Mès il ne l'osoit coroucier ;
S'il peüst son ventre vuidier,
Il ne fust mie si mal mis :
« En non Dieu, » fet Jouglès, « amis,
Sachiez que l'en ne chie mie
Le jor c'on espeuse s'amie,
Quar ce seroit trop grant ledure. »
Robins au mieus qu'il pot l'endure ;
Son ventre mout forment li bruit.
   Ja estoient au moustier tuit
Li parent à la damoisele.
Jouglès atempre sa viele,
Si l'en maine tout vielant.
Que vous iroie je contant ?
Au moustier vienent sanz atendre ;
Robin fist on sa fame prendre,
Et, quant ele espousée fu,
Puis sont arriere revenu.
Cel jor furent bien conreé,
C'on avoit assez atorné,
Qui qu'en eüst ire ne duel,
Bons flaons et bon morteruel

Et bon lait bien boilli et cuit;
Robins en menjast bien, je cuit,
S'il n'eüst si mal en son ventre,
Et Jouglès le sivoit soventre
Quant on devoit mengier aler;
Ainc ne sot tant Robins parler
A Jouglet ne si bel proier
Que il li vousist otroier
Qu'il le lessast chier .1. peu,
Et s'est plus dolereus d'un cleu
Toz ses ventres, si granz qu'il est.
 Au vespre furent li lit prest,
La dame se coucha premiers;
Robins n'ert mie coustumiers
De couchier au vespre si fars :
« Biaus filz, » ce dist dame Ermengars,
« Com vous fetes or mate chiere.
— Dame, » dist Jouglès li trichiere,
« Quar il est honteus et sorpris
De ce que il n'est mie apris
Ne de fame ne de tele oevre. »
Robins se couche et on le cuevre;
Si fet on la chambre vuidier,
Mès ele ne fet que cuidier
De ce que Robins ne l'adoise :
« Lasse, » fet ele, « com me poise
De ce nice, de ce musart;
Mout li deüst ore estre tart
Qu'il m'acolast et me besast,
Et q'o tel fame s'aaisast

Com je sui et de tel afere ;
Mès il ne set que l'en doit fere :
Il ne me taste ne manie.
Por la char Dieu, com sui honie
Quant cis vilains gist delez mi !
Se j'eüsse ore mon ami,
Qui m'acolast et me besast
Entre ses braz et m'aaisast,
Mout me venist or mieus assez
Que cis vilains muse enpastez !
Honi soient tuit li parent
Et trestuit li mien ensement
Qui m'ont doné à ceste beste ! »
Robins n'avoit cure de feste :
Par le lit se va detordant,
Son linçuel d'angoisse mordant,
Et dist : « Las ! que porrai je fere ? »
Cele escoute tout son afere,
Qui n'ot cure de sommeillier ;
Forment se prent à merveillier
Quel chose Robins puet avoir,
Mès ele le voudra savoir
Par biau parler et par biau faindre,
Et cil se commence à replaindre :
« Robin, » dist ele, « qu'avez vous ?
Dont n'est ce tout .i. entre nous ?
A moi devez vous bien parler,
Ne me devez mie celer
Nule chose, laide ne bele.
— Par mon chief, » fet il, « damoisele,

Je nel vos oseroie dire.
— Por qoi ? Dont n'estes vous mesire ?
A cui, sire, direz vous don
Vostre mesaise s'à moi non ?
Qu'avez vous et quels maus vous tient ?
Certes vous me direz dont vient
Cis maus, que je le vueil savoir,
Vous le direz. — Non ferai voir,
Por tout l'avoir de ceste vile. »
Cele qui mout savoit de guile
Li dist, ausi comme en plorant :
« Robin, sire, por saint Amant
Et por Dieu et por saint Espir,
Ne vous lessiez mie morir :
Se vous morez, et je sui vive,
Que devendra ceste chetive
Qui tant vous aime durement ?
Se vous morez sifetement
Que ne me vueilliez descouvrir
Vostre mal, il m'estuet morir. »
Tant li commença à proier
Qu'il li dist : « Je muir de chier ;
Ainsi m'a Jouglès malbailli.
— Qui por celui et por celi,
Se vous a ainsi atorné,
Or tost n'i ait plus demoré ;
Il gist delez ceste paroit :
Chiez à son chevès tout droit ;
Si getez sa chemise puer.
—Or dites vous bien, bele suer, »

Fet Robins qui mestier en a ;
Et il maintenant se leva :
Au lit s'en vint où Jouglès gist ;
Tout droit à son chevès s'assist,
Iluec desempli sa ventrée ;
Jouglès ot beü la vesprée,
Por ce ne s'esveilla il mie.
  Cil s'en revint delez s'amie ;
Si se coucha delez li droit,
Mès or fu il plus à destroit
Que il n'estoit devant assez :
« Robin, estes vous respassez, »
Fet la damoisele, « et garis ?
— Damoisele, ainz sui plus maris
Que je ne fui assez devant.
— Vous avez pou alé avant ;
Ralez chier droiz à l'esponde.
Dame Dieus à foi me confonde,
S'il n'est bien droit c'on le deçoive :
Qui merde brasse, merde boive,
Quar ce est bien resons et droiz. »
Robins, qui mout estoit destroiz,
S'est levez sanz plus arester ;
Au lit Jouglet en vint ester :
Si près de l'esponde chia
Que toz les linceus cunchia,
Puis se recouche isnel le pas.
Mès je vous di bien qu'il n'ot pas
En son lit geü longuement,
Autant c'on eüst seulement

Alé et venu de la fors,
Quant ses ventres li reprent lors,
Quar les poires si avaloient
Qui de son cors issir voloient,
Et il en souffroit grant torment :
« Robin, que est ce ne comment ?
Cis ventres vous deut il or mès ?
— Oïl, dame, plus c'onques mès :
Je n'oi hui mès si mal comme ore.
— Il vous covient chier encore, »
Fet ele, « il n'i a autre tor ;
Ralez à son lit tout entor,
Tout droit à l'esponde de là. »
Et cil maintenant s'en ala
Au lit Jouglet tout à droiture.
Jouglès par sa male aventure
Avoit là ses braies getées
Et là les avoit oubliées
A l'esponde devers le fu,
Et Robins, qui angoisseus fu,
N'i atendi ne mains ne plus,
Ainz a chié ausi droit sus
Comme s'il i eüst gagié ;
Si en a son ventre alegié.
.I. poi si se recouche atant,
Et lors li va reborbetant
Ses ventres, que il fu couchiez.
Sachiez, mout en fu corouciez,
Tout adès le covint veillier,
Il ne finoit de ventreillier ;

Robins menoit mout male fin :
« Or estes vous garis enfin, »
Dist sa fame, « Robin, biaus frere?
— Non sui, par l'ame de mon pere :
Je n'oi hui si grant mal com j'ai, »
Fet Robins, « je cuit, je morrai.
— Or tost, il vous covient chier
Et vostre ventre bien vuidier.
Dieus confonde le cors Jouglet!
Vous avez mauvais gibelet
Eü anuit ceste vesprée.
Honie soit or tel ventrée
Que il covient netoier tant! »
Que vous iroie je contant?
Le feu li a fet descouvrir
Et chier enz, et puis couvrir
C'on n'i peüst merde cuidier;
Puis li fist le seel vuidier,
Espandre l'eve et chiier enz.
Mès encore fu ce neenz
Envers ce qu'ele li fist fere,
Quar la viele li fist trere
Qui estoit pendue au postel;
Se li fist chier el forrel,
Puis li fist remetre et fermer.:
« Dame, » dist il, « par saint Omer,
Or sui je toz enfin garis
Du mal dont g'ere si maris.
— Robin, » dist ele, « ce vueil gié. »
Maintenant s'est lez li couchié,

Si l'acole et le vaut besier,
Ele se prent à merveillier;
Se li dist : « Que volez vous fere ?
— Par mon chief, je ne sai que fere, »
Dist Robins, qui mout fu buisnars ;
« Mès ma mere dame Ermengars,
Avant que je fame preïsse,
Me commanda qu'ainsi feïsse,
Quant je reving de fiancier,
Mès je ne sai où commencier
Se vous ne m'enseigniez à fere. »
Cele s'en rist, ne se pot tere,
Qui li donast .lx. livres :
« Robin, » fet ele, « estes vous yvres ?
Dont ne savez vous grant pieça,
C'on requiert la fame de ça
Par devers l'oreille senestre ?
—Dame, » dist Robins, « bien puet estre. »
Que vous feroie plus lonc conte ?
De l'uevre plus à moi ne monte,
Ne m'en chaut comment il aviegne,
Mès à son talent l'en coviegne,
Ou se ce non, s'en ait disete,
N'est droiz que plus m'en entremete.
   Ne demora pas longuement
Qu'il ajorna isnelement :
La dame se drece en son lit,
Encor paroit li jors petit ;
Jouglet apele : « Or tost levez,
Levez vous sus, si vielez,

Ne soiez pereceus ne lenz,
Quar il m'est pris mout grant talenz
D'oïr .I. petit vieler. »
Quant Jouglès s'oï apeler,
Li cuers de joie li souslieve :
« Ha, dame, » fet il, « je me lieve,
Se je avoie ma chemise. »
Il taste au chevès, si a mise
Tout droit en la merde sa main :
« Voiz, por les plaies saint Germain, »
Fet il, « qui m'a si cunchiié,
Qui a à mon chevès chiié ?
Ja ne sui je mie ribaut.
— Jouglet, » ce dist dame Mehaut,
« Comment vous est ? Esploitiez vous :
Ja estes vous mes amis dous. »
Et cil gete sa main avant,
Puis taste à l'esponde devant,
Qu'il cuidoit ses braies aerdre :
Ses mains a bouté en la merde ;
Ne les pot metre en autre lieu :
« Voiz, » fet il, « por la teste Dieu,
Qui a ci ceste merde mise ?
Puis que j'ai perdu ma chemise,
Je tasterai viaus à mes braies. »
Il se lieve, jurant les plaies ;
Ses braies a pris por chaucier,
Mès en lui n'ot que coroucier ;
Quant il i sent la merde et flaire,
Il les regeta en mi l'aire,

Et jure comme uns renoiez :
« Qu'à males eves soit noiez, »
Fet il, « qui m'a basti tel plet !
— Qu'est ce, Jouglet ? Que t'a on fet ?
Qui vous a ainsi eschaufé ?
— Qui ? dame, » fet il, « li maufé,
Qui ont esté entor mon lit
Qu'il n'i a lieu grant ne petit
Où n'aie merde manoiée ;
S'est ma chemise cunchiée
Et mes braies sont paluées ;
Ce sont or les beles soudées
Que j'avrai de voz noces fere.
— Quel coupe ai je en cest afere, »
Fet ele, « Jouglet, biaus amis ?
Je ne sai qui merde i a mis,
Ne que ce est ne que ce fu ;
Mès alez alumer le fu :
Qui n'i voit, il est malbaillis. »
Tantost est cil du lit saillis,
Sa cotele vest toute pure,
Au feu en vint grant aleüre,
Ainsi comme il ert atornez ;
Au feu s'en vint toz bestornez,
Mès n'ot rouable ne baston,
Ne il n'i a feu ne charbon
Fors merde qui dedenz estoit ;
Ses mains et ses dois i boutoit
Dedenz la merde toz ensamble.
De mautalent fremist et tramble,

Et maudist l'eure qu'il fu nez
Quant il est ainsi atornez,
Ne quant il onques fu jouglere.
Dist la dame: « Jouglet, biaus frere,
Qu'est ce? Est li feus estains dont?
— Oïl, dame; il est .I. estront;
Il n'i a feu ne autre chose
Fors merde qui enz est enclose.
— Jouglet, » fet ele, « biaus amis,
Puis que vous estes si honis,
Alez vous laver au seel
Qui pent encoste le reel,
Tout droit à l'uis devers la cort. »
Jouglès tantost cele part cort
Qui mout se desirre à moillier :
Ses mains commence à tooillier
Enz el seel et à froter.
La merde sent esclaboter
Qui mout li put au nez et flaire;
Il s'escrie, ne se pot taire :
« Li deable sont en cest estre,
Et li deable i puissent estre
Trestuit cil d'enfer à .I. mot;
Quar, se j'eüsse mon sorcot
Et ma viele seulement,
Je m'en alaisse isnelement. »
Au lit s'en vint, plus n'i atent,
Et sa viele à son col pent,
Mès il i a fet mauvès change,
Qu'il s'en va sanz chemise en lange,

N'a mie ore toz ses aviaus,
Et bien sachiez que ses forriaus
Ne flere pas clous de girofle.
   Cel jor fu feste saint Cristofle,
Mien escient .1. mercredi,
Et Jouglès, si com je vous di,
Par mi cele vile passa :
Entor lui grant gent amassa
Droit à l'entrée du moustier :
« Amis, » font il, « de vo mestier
Vous covient paier le travers. »
Cil torne la teste en travers
Et dist que il est deshaitiez :
« Ne vous chaut, vous estez gaitiez, »
Font li vilain en lor françois ;
« Il vous covient chanter ainçois
Que vous vous departez de ci. »
Cil voit n'i a nule merci,
Quar li vilain sont trop engrés :
« Tenez, » fet il, « si desnoez
Cest forrel ci, li uns de vous. »
Li uns le prent sor ses genous,
Et uns autres l'a desnoué :
Andui se sont tuit emboué
De ce qu'est dedenz la viele.
La jornée ne fu pas bele
Envers Jouglet, quar li vilain
Le mistrent en mout lait pelain,
Quar encontre terre l'abatent
Et tant le fierent et debatent

Par mi le dos, par mi le ventre,
C'on li peüst, mien escientre,
Toz les os en la pel hocier :
En tot l'an ne se pot aidier.
Ainsi fu cunchiez Jouglès,
Segnors, ce dist COLINS MALÈS :
Teus cuide cunchier autrui,
Qui tout avant cunchie lui.

Explicit de Jouglet.

XCIX

DES .III. DAMES

Londres, Mus. brit., Mss. Harl. 2253, fol. 110 r°
à 110 v°.

Puisqe de fabler ay comencé,
Ja n'yert pur moun travail lessé :
De trois dames comenceroy,
Assez brievement le counteroy,
Qe al mount Seint Michel aloient
En pelrynage come vouué avoyent,
Ne voderount plus demorer
De lur promesse aquiter,
E de ce fesoient qe senées.
Ja avoient alé deus jornées,
E l'endemain fust la tierce ;
Qant vint à l'houre de tierce,
La une garda en un sentier :
Si trova un vit gros e plener
Envolupé en un drapel ;
N'i ont descovert qe le musel.
La dame le prist meyntenaunt
E de la trouvure fust joyaunt,
Qar ele savoit qei ce estoit.
E cele, qe après aloit,

Dit qe ele avereit part :
Certes, » fet ele, « vous le averez tart :
Ja part de ce ne averez.
— Coment deble ! estes vous devez ?
Je dis al trovour : « E demy myen ! »
Et si je ne le ey, ce n'est mie bien :
Dreit est qe je part eye,
Qar je su vostre compaigne verreie ;
Vous savez bien, si Dieu m'enjoie,
Qe nous fumes en ceste voie
Compaignes e bones amyes.
— Yl ne me chaut voir qe tu dies :
Ja n'averez part ne prouu. »
 L'autre ne le tient pas à gyuu,
Mès jure soun chief qe si avera,
Qaunqe juggé ly serra.
— Par foi, » fet l'autre, « il me plest :
Dite moi donqe qy ce est
Qy dorra le jugement ?
— E je le grant bonement :
Devant nous est une mesons de noneynz,
Mout seinte, dames e chapeleynz
Qe Dieu servent nuit e jour ;
La abbesse pur nul amour
Ne lerra juger verité.
— E je le grant, de par Dé. »
 Tant ount erree qe eles sunt venues,
Ce m'est avis, al chief des ryuues,
Là où l'abbesse manoit ;
Tant ount alé tort e droit

Qe en l'abbeye sunt entreez,
E meyntenant ount demandez
Noveles de la abbesse ;
E um lur dit : « Ele oyt sa messe :
Si vous volez à ly parler,
Yl vous covient demorer. »
Eles dient qe si frount.
Atant assises se sount
En le parlour sur un desgree ;
Mès il ne urent qe poi esté,
Qant venir virent la abbesse,
Ensemble ou ly la prioresse,
D'autre part la celerere.
E cele qe estoit premere,
Se leve et dit : « Meyntenaunt,
Dame, bien seiez vous viegnaunt !
Veiez si une moie compaigne,
Qe doner ma part ne me deygne
De une chose qe ele ad trové ;
Pur ce qe ele ne m'en a donee
Ma part come fere deveroit. »
E si counte tot le droit
Come la chose fust trovee ;
E sur ly est le jugement tornee,
E dit la abbesse meyntenaunt :
« Seit la chose mys avaunt,
E nous le droit jugeroms
E vos droytures vous rendroms.
— Par foi, » fet l'autre, « je le graunt.
Compaygne, metez le vyt avaunt :

L'abbesse dirra verité. »
E cele, qe le vit out trovee,
Le treyst erronment de son seyn
E le mist devaunt un noneyn,
Qe mout le garda de bon oyl.
De l'abbesse counter voil
Qe molt le regarda volenters :
Granz suspirs fist longz e enters,
Puis dit après : « Oiez bel plet !
Qei vueillent il qe ore seit fet ?
Le jugement se prent pur nous :
C'est de nostre porte le verrous
Qe l'autre jour fust adyrrez ;
Je comaund q'il soit bien gardez
Come ce q'est nostre chose demeyne.
Alez, » fet ele, « dame Eleyne,
Qe estes pruz e bien legere,
Je comaund q'il soit mis arere
Là dount il fust ostez e pris. »
E ma dame Eleyne ad pris
Le vit qe fust long e grant ;
E sachez qe ele meyntenaunt
Le prist e gitta en sa maunche,
Qe molt estoit delge et blaunche.
Les dames qe la chose troverent,
Qant le jugement entenderent,
Molt sunt dolent e irassuz
Qe la chose est issi perduz,
E molt marris s'en partoient,
E l'abbesse molt maldisoient,

E distrent qe jamès n'assenterount
Ne jugement demaunderount
De tiele chose aprester
Ne en autre manere juger,
Mès cele, qe la trovera,
A tous jours la tendra,
Come relyke molt desirée
E de totes dames honorée.

C

DE LA DAME

QUI FIST BATRE SON MARI

Bibl. de Berne, Mss. 354, fol. 78 r° à 80 v°.

D'UNE avanture mout cortoise
Vos voil conter, d'une borjoise;
Née et norie estoit d'Orliens,
Et ses freres estoit d'Amiens :
Riches hom ert à desmesure;
De marchaandise d'usure
Savoit toz les torz et les poinz;
Qanqu'il pooit tenir as poinz
Estoit mout fermemant tenuz.
De Normandie sont venuz
Quatre Normanz, clers escoliers :
Lor sas portent conme coliers,
Dedanz lor livres, et lor dras;
Mout estoient mignoz et gras,
Cortois, chantant et envoisiez
Et en la vile bien prisiez,
O il avoient ostel pris.
Un en i ot de graignor pris,
Qui mout enta chiés .I. borjois;
Sel tenoit an à mout cortois,

Et la dame meïsmes tant
Prisoit mout son acoitemant.
Tant i vint li clers et ala
Que li borjois se porpansa,
Que par sanblant, que par parole.
Que cil la tenoit à s'escole,
S'il en pooit en leu venir,
Qui sole la pooit tenir.
Loienz ot une soe niece
Qu'il avoit norie grant piece ;
Privéement a soi l'apele,
Si li promist une gonele,
Que de ceste oure fust espie ;
Et, que la verité vos die,
Et cele li a otroié.
  Li escoliers a tant proié
La dame, qu'il l'a mise en voie :
Et la beasse tote voie
A tot escouté et oï
Conmant il ont lor plait basti ;
Au borjois revient maintenant,
Si li conte lo covenant,
Que la dame lo manderoit ;
Et li covenanz teus estoit,
Qant el porroit savoir ne croire
Que ses sires iroit à foire
Por sa besogne porchacier,
Qu'i vient par devers lo vergier
A un huis qu'il li enseigna,
Et feroit encontre lui là,

Qant il seroit bien anuitié.
Li borjois l'ot, mout s'an fist lié ;
Maintenant à sa fame vient :
« Dame, » dit il, « il me covient
M'en aler en marcheandise ;
Gardez l'ostel, ma doce amie,
Conme prode fame doit faire,
Car je ne sai de mon repaire.
— Sire, » fait ele, « volantiers. »
Cil atorne les charretiers,
Et dit qu'il s'ira erbergier,
Por ces jornées avancier,
Jusqu'à .iii. liues de la vile.
La dame ne sot pas la guile,
Ençois l'a fait au cler savoir.
Cil qui les cuide decevoir,
Fist aler ses janz herbergier,
Puis retorne à l'uis do vergier.
Qant la nuiz fu à noir melée,
Vint la dame, tot à celée,
A l'uis do vergier, si l'ovri ;
Entre ses braz lo recoilli,
Et cuide que ses amis soit.
Mais esperance l'an deçoit,
Et dit : « Bien soiez vos venuz ! »
Cil s'est de haut parler tenuz,
Et li rant son salu en bas.
Par lo vergier s'an vont lo pas,
Mais cil tient mout sa chere cline,
Et la borjoise mout s'ancline ;

Desoz lo chaperon l'esgarde,
De la traïson se prant garde,
Et conoist bien et apercoit
C'est ces mariz qui la deçoit.
Qant ele prist à aperçoivre,
Si se pansa de lui deçoivre.
Fame est plaine de sanc agu ;
Par lor engin ont deceü
Les sages dès lo tans Abel :
« Amis, » dist ele, « mout m'est bel
Que je vos puis ceianz tenir ;
Mais ce vos covanra venir
En un solier don j'ai la clef :
Iluec m'atandroiz tot soëf,
Tant que nos genz aient mangié
Et il soient trestuit cochié ;
Je vos metrai soz ma cortine,
Ja nus ne porra lo convine
D'antre nos .II. apercevoir.
Tant vos donrai de mon avoir,
Don bien racheteroiz vos gajes,
Se de bien celer iestes sages.
— Dame, » dit il, « bien avez dit. »
Hai Deus ! con il savoit petit
Ce que la dame panse et muse ;
Qar li uns d'aus panse une chose,
Et li autres panse tot el.
Tost avra il mauvais ostel,
Car, qan la dame enfermé l'ot
O solier, don issir ne pot,

A l'uis do vergier retorna :
Son ami prist qu'ele trova,
Si l'acole sovant et baise ;
Mout i metra, ce cuit, plus aise
Lo secont dru que lo premier.
Tot ont trespassé lo vergier,
Et sont en la chanbre venu,
O li drap sont tuit portandu.
La dame son ami enmoine
Jusques an la chanbre demoine :
Soz la cortine se sont mis ;
Et cil s'est tantost entremis
De ce jeu c'amors li demande,
Car ne prisoit pas une amande
Tot l'autre jeu, ce cist ne fust,
Et cele gré ne l'an saüst.
   Qant il orent assez joé,
Et mout baisié et acolé :
« Amis, » dist ele, « je vois loianz,
Et si ferai mangier nos genz. »
Cil, qui son voloir fait avoit
Et aconpli qanqu'i queroit,
Respont : « Dame, à vostre conmant. »
Cele s'an part mout liéemant
Qui avoit ointes ses valieres.
Lors apele ses chanbrieres,
Lo mangier lor fait aprester,
A son pooir lor fait haster,
Car mout li tardoit duremant
Qu'el aüst pris lo vangemant

De son mari, qui la gaitoit,
Q'anfermé el solier avoit.
Or voit ele bien qü' est jalous,
Que li vaut que il est ja cous,
Trop en a fait mauvaise garde,
Et d'autre part trop li retarde
Q'an la chanbre soit retornée
O cil l'atant, qui pas ne bée
A dormir la nuit enterine.
Lors a la dame une geline
Fait eschauder et un chapon :
El prist do plus gras lo braon,
S'an a fait faire .ii. pastez.
Qant li mangiers fu aprestez,
La dame apele les sergenz
Et la mainiée de loianz;
Sel fist aseoir au mangier.
Cil si sont assis sanz dongier;
Et qant il orent tuit mangié,
Ençois qu'i fussent desrangié,
Oiant toz, a dit sa raison :
« Vos avez en ceste maison
Sovant veü un cler venir
Don bien vos poissiés sofrir :
D'amors m'a requise lon tans,
Je l'an ai tot jorz fait desfans;
Tant que je vi je n'i garroie,
Tot li promis que je feroie
A son plaisir ce qu'il voldroit,
Con mes sire alez s'an seroit

En Normandie o en Bergoigne ;
Por porchacier nostre besoigne,
Que il lest meuz, Deus lo conduie.
Au clerc, qui si sovant m'anuie,
Ai bien ses covenanz tenuz ;
Or est a son terme venuz :
Lausus m'atant en ce solier.
Je vos donrai plain un setier
Do meillor vin qui ceianz soit,
Si lo me batez orrandroit.
Sus o solier, or i alez ;
A bons gibez lo me batez,
Et contre terre, et en estant,
Des orbes cous li donez tant
Que jamais jor ne li an faille
De proier dame qui rien vaille. »
Qant la maisniée ce entandent,
En piez saillent, plus n'i atandent :
Bien furent .x., se Deus me salt,
Trois suens noveuz, et troi ribalt,
Et chamberieres i ot trois,
Et si fu la niece au borjois,
Qui tot droit au solier s'an vont.
Au solier montent contremont,
Et la dame fu tot devant,
Et li ribaut saillent avant,
Si l'ont a la terre batu :
A ce cop l'ont tant porbatu,
Que des bastons, que de lors mains,
C'onques nule toile de Rains

Ne d'autre leu, tant fust escrue,
Ne fu si trés bien porbatue.
Bien li ont son hauberc rolé.
Par mainte foiz se sont mellé
Si troi nevo por bien ferir;
Tant lo batent au departir,
Et par desus, et par desoz,
Que toz fu cassez et deroz,
Et la dame meïsmemant,
Q'ele ne l'amoit tant ne qant,
L'a par lo chaperon saisi,
Et la gorge li estraint si
Qu'il ne pooit un mot soner;
Tant li acoillent à doner
Des orbes cous, ainz qu'il s'en aille,
Con s'aüst esté, par gaaille,
Li uns miauz acoilli por l'autre.
Mout li ont bien fautré son fautre,
Et par devant, et par darrier;
Deiable li firent gaitier
Sa fame, ne li vausist rien;
A ceste ore volsist il bien
A Saint Jasque ou otremer estre.
Lors l'ont par mi une fenestre
De desus un fumier flati;
En la maison sont reverti,
Si ont mout bien les huis fermez;
La nuit burent il des ferrez :
N'i ot onques si bel tonel,
Cui q'an pesast, ne cui fust bel.

La dame les. . . . .
Et les vins lor abandona,
Et le vin pers et le vin blanc.
Et la dame plus n'i atant,
Ainz prist un pasté et do vin,
Et blanche toaille de lin
Et grosce chandoile de cire.
Sanz plus faire, ne san plus dire
S'an vient en la chanbre tot droit ;
Et cil, tantost con il la voit,
Sailli en contre lui estant :
Et la dame, tot pié estant,
Li a la novele contée.
Après, si a desvoloupée
. . . .
Et pristrent do vin, si en burent
Tant que chascuns asez en ot,
Que biens estoit, et bien lor plot :
Que qu' i manjoient, et bordoient,
Endui après et se cochoient
Endui ensanble jusqu'au jor.
Lors se departent par amor,
Car cil plus demorer n'osoit;
Et cil qui el fumier gisoit,
Se traïna, à miauz qu'il pot,
Là où son hernois laissié ot,
Et, qant sa maisniée lo virent,
Peor orent, si s'esbaïrent,
Et li demandent que c'estoit,
Et qui ensi batu l'avoit.

Cil, qui dou conter n'ot talant,
Torna ce darriere devant,
Et dit que jans batu l'avoient
Qui, de grant piece, lo haoient,
Au pertuis d'un trés estroit huis ;
« Mais plus dire ne vous en puis :
Sor ma charete me metez,
En mon ostel me remenez. »
Cil, qui ne l'osent contredire,
Li responent : « Volantiers, sire. »
Sor la charete un lit li font,
Et docemant cochié li ont :
Si s'an revienent à l'ostel.
Et, sachiez bien, fame dol tel
Ne mena con sa fame fist,
Qant ensi atorné lo vit,
Et por lui garir et sener,
A fait fisiciens mander :
En boenes herbes bain li font ;
Tost l'ont gari, et cil s'en vont.
 Qant li comança à garir,
Et il pot aler et venir,
Demandent li commant avint,
Et il lor dist : « Il me convint
Par un estroit pertuis passer,
O l'an me fist les oz casser,
Male gent qui là m'encontrerent. »
Et la maisniée li conterent
Do clerc con il fu mal menez
Et par la fenestre gitez,

Et con la dame lor livra :
« Par mon chief, el s'an delivra, »
Dist il, « con prode fame et saje. »
N'onques puis, en tot son aage,
De cele ore ne la mescrut,
Ne cele onques ne se recrut
De son ami amer toz dis,
Tant qu'il rala en son païs.

CI

DE PORCELET

Bibl. de Berne, Mss. 354, fol. 65 r° à 65 v°.

Or oiez un fabel cortois
D'un vallet fil à .I. borjois,
Qui prist fame cortoise et sage
Par lo consoil de son lignage.
Si l'ama engoiseussemant;
N'ot pas o li esté grantmant
Qui l'ama tant que lo feïst
Tunber, se talant l'an preïst;
De li fist s'amie et sa dame,
Sovant li recordoit sa grame.
.I. jor estoient en lor lit,
O il faisoient lor delit;
La dame, à cui li jeus fu bons,
Dist au vallet, qui tot est suens :
« Biaus amis, car metomes non
A vostre rien et à mon con.
— Dame, » fait il, « ice est droiz
Que les nons amedeus metoiz,
Teus con vostre plaisir sera.
— Sire » fait el, « si me plaira
Que mes cons ait non porcelez,
Por ce qu'il ne puet estre nez;

Et vostre rien, ne sai conmant,
Je cuit qu'il avra non fromant,
Car c'est biaus nons. — Et j'otroi bien, »
Fait li vallez, « ce non au mien,
Dès qu'il vos plaist et il vos siet.
— Sire, » fait ele, « or ne vos griet
Que porcelez voldra mangier :
Ne li faites mie dongier
De vostre fromant qui est boens.
— Dame, » fait il, « il est tot suens. »
 Ensi furent mout longuemant,
Tant qu'il avint, ne sai conmant,
Que trestoz li fromans failli,
Et la dame l'a asailli
Por viande à son porcelet.
Li vallez lait aler .1. pet
El giron à la damoisele :
« Que est ce or, sire ? » fait ele ;
« Qu'avez vos fait en mon devant ?
— Dame, ce est brans qui espant,
Por doner à vostre porcel,
Que, foi que je doi saint Marcel,
Do fromant, qui est en despans,
N'i est remés fors que li brans.
— Conmant, sire, est donques failliz
Li fromans ? Donc est malbailliz
Porcelez, se Deus me doint sen,
Qu'il n'a cure de vostre bran.
— Dame, » fait li vallez, « par m'ame,
Fous est qui por les bons sa fame

Se grieve tant con je sui faiz.
Vostre merci, laissiez m'an paiz,
Que tant ai fait voz volantez
Que toz me sui desfromantez ;
Trop est vostre pors engoisseus :
Car recovrez vostre perteus
Et vostre con qui est punais.
Ja par moi ne manjera mais :
Qant plus manjue, plus fain a ;
Fous fu qui primes les troua. »

Ci fenit de Porcelet.

CII

DE CELUI QUI BOTA LA PIERRE

Bibl. de Berne, Mss. 354, fol. 11 v° à 12 r°.

Uns prestres, bons fisicien,
Vint chiés .i. suen parrochien ;
La dame ert grasse et tendre et bele
Qui lou provoire mout apele,
Et li dist que bien soit venu ;
Et li prestres a respondu :
« Dame, Jhesu vos beneïe !
O est li sire ? — Il n'i est mie :
Il est acheter une chose,
Et il ne venra pas de pose.
Sire, car vos venez seoir.
— Dame, je nel vos doi neoir,
A vos sui venuz en desduit,
Mais ne voil pas qu'il vos anuit.
—Non, » fait el, « sire, ainz m'est mout bel. »
En mi l'aire avoit .i. carrel
Dont l'en devoit .i. mortier fere ;
La franche dame debonaire
Atot son pié bote la pire.
Li prestres li commence à dire :
« Dame, laissiez la pierre ester. »
Ne la vost cele avant boter.

« Se la botez ne ça ne là,
Je cuit que je vos foutré ja. »
La dame oï ce qui li plot,
Ainz onques mendre peor n'ot.
La pierre ra avant botée,
Et li prestres l'a acolée ;
Si l'a prise tot maintenant.
En .I. lit vindrent behordant,
Qui estoit fez en .I. recoi ;
Là gitoit li prestres soz soi ;
Lou jeu li a fait au droit neu.
.I. enfançon seoit au feu,
Qui bien les vit el lit chaoir
Et au prestre les rains movoir :
« En moie foi, » dist l'enfançon,
« Je cuit bien que issi fout l'on. »
L'enfes se tot, et ne dist plus,
Et li prestres resailli sus,
Si s'en ala de maintenant.
  Puis n'ala guaires demorant
Que li preudon vint de labor,
Où il ot esté tote jor.
La pierre vost oster de l'aire ;
L'enfes li dist : « Pere, ne faire ;
Se la boutez ne sà ne là,
Nostre prestres vos foutra ja,
Si com il fist ore ma mere :
Je lou vi bien de là o g'iere. »
Li preudon si estoit mout sage :
Ne vost pas croire son domage,

Mais il s'en venja bien après.
De cest exanple n'i a mès,
Ne mais itant dire vos voil
Que l'on se gart do petit oil.
Et de larron qui est prové,
Car ainz avra assez emblé
Que l'en s'en soit aperceü.
Se l'enfançon n'eüst veü
Lo prestre joer à sa mere,
Il nel deïst pas à son pere.

Ci fenit de Celui qui bota la pierre.

CIII

DE BRIFAUT

Bibl. de Berne, Mss. 354, fol. 9 v° à 10 r°.

D'un vilain riche et non sachant,
Qui aloit les marchiez cerchant,
A Arras, Abeville, alanz,
M'est venu de conter talanz;
S'en diré, s'oïr me volez.
Mout doi ge bien estre escoutez.
De ce di ge, que fous que nices,
Que tieus hom n'est pas de sens riches
Où l'en cuide mout de savoir,
S'il ert povres et sanz avoir,
Que l'en tenroit por fol prové.
Issi avons or esprové
Lou voir et fait devenir faus.
 Li vilains avoit non Brifaus.
.I. jor en aloit au marchié;
A son col avoit enchargié
.X. aunes de mout bone toille :
Par devant li bat à l'ortoille
Et par deriers li traïnoit.
.I. lerres derrieres venoit
Qui s'apensa d'une grant guille :
.I. fil en une aguille enfille,

La toille sozlieve de terre
Et mout près de son piz la serre ;
Si l'aqueust devant à sa cote,
Près à près do vilain se frote
Qui enbatuz s'ert en la fole.
Brifaus en la presse se foule,
Et cil l'a bouté et sachié
Qu'à la terre l'a trebuchié,
Et la toille li est chaüe,
Et cil l'a tantost receüe ;
Si se fiert entre les vilains.
Quant Brifaus vit vuides ses mains,
Dont n'ot en lui que correcier,
En haut commença à huchier :
« Dieus ! ma toille, je l'ai perdue,
Dame sainte Marie, aiüe !
Qui a ma toille ? Qui la vit ? »
Li lerres s'estut .i. petit,
Qui la toille avoit sor son col ;
Au retorner lo tint pour fol,
Si s'en vient devant lui ester,
Puis dist : « Qu'as tu à demander,
Vilains ? — Sire, je ai bien droit
Que j'aporte ci orendroit
Une grant toille ; or l'ai perdue.
— Se l'eüsses ausi cosue
A tes dras com je ai la moie,
Ne l'eüsses gitiée en voie. »
Dont s'en vait, et lou lait atant,
De sa toille fist son conmant,

Car cil doit bien la chose perdre
Qui folemant la let aerdre.
    Atant Brifaus vient en maison;
Sa feme lou met à raison,
Si li demande des deniers :
« Suer, » fait il, « va à ces greniers;
Si pren do blé et si lo vent,
Se tu viaus avoir de l'argent,
Car certes jo n'en aport gote !
— Non, » fait ele, « la male goute
Te puist hui cest jor acorer !
— Suer, ce me doiz tu bien orer,
Et faire encor honte graignor.
— Ha ! par la crois au Sauveor,
Qu'est donc la toille devenue ?
— Certes, » fait il, « je l'ai perdue.
— Si com tu as mençonge dite !
Te preigne male mort soubite.
Brifaut, vos l'avez brifaudée,
Car fust or la langue eschaudée
Et la gorge par où passerent
Li morsel qui si chier costerent ;
Bien vos devroit en devorer.
— Suer, si me puist Morz acorer,
Et si me doint Dieus male honte,
Se ce n'est voirs que je vos conte. »
    Maintenant Morz celui acore,
Et sa feme en ot pis encore,
Que ele enraja tote vive.
Cil fu tost mors ; mais la chaitive

Vesqui à dolor et à raje.
Ensi plusor par lor otraje
Muerent à dolor et à honte.
Tieus est la fins de nostre conte.

Ci fenit de Brifaut.

CIV

DO PRÉ TONDU

Bibl. de Berne, Mss. 354, fol. 75 r° à 75 v°.

Ce fu la voille d'un Noël
Q'an tient en maint leu riche ostel :
A l'oté fu d'un haut baron,
Qu'il ot, à bon feu de charbon :
E milieu .I. grant en avoit,
Qui toz les autres destraingnoit ;
Dist as autres : « Laissiez m'aler,
Car je voldrai ardoir la mer ;
Par ma force et par mon pooir,
Vodrai aler la mer ardoir :
Jamais ne portera haranc,
Ploiiz, ne poison ne melant. »
Ensi con il l'a dit, si fist ;
Ainz ne fina à la mer vint.
Quant il la vit, si s'escria :
« Mer, car par Diu je t'ardré là, »
Fait il, o plus haut de sa vois ;
« Garde toi, ardoir je te vois. »
Li charbons vient, en la mer saut,
Tost s'estaint et puis ne fist chaut.
  Je vos ai conté ce fablel
Por ce qu'il fu d'un damoisel :

Tant con il ne fu marié,
Boene vie a toz jorz mené,
Et, qant il a fame esposée,
Si a la teste plus mellée
Assez que ne soit chiens de Flandres,
Sales et ordes, plain de cendres,
Mauvestuz et uns grans solers :
De tot est à si mal alez
C'assez samble miauz charbonier
Que il ne fait un chevalier;
Cil fu estainz con li charbons
Qui voloit ardoir les poisons.
 .I. prodom une fame prist;
A mout grant noblece la mist :
Lo premier an li fist enor,
Onques ne la desdit nul jor,
Et celle acoilli tel baudet;
Par jeu li dona maint bufet.
Qant li chiés de l'an fu passez,
Les paranz la dame a mandez.
Qant beü orent et mangié,
Li bachelers s'estoit drecié;
Lo pere et la mere apela :
« Sire, » fait il, « entandez ça;
Vos me priestastes à antan
Vostre fille, bien a un an;
Ne l'ai ferue ne tochiée,
Ne de son cors point enpiriée.
Demandez li se je di voir;
Par li le poez bien savoir.

— Non, » fait ele, « vostre merci.
— Si l'aüsse bien deservi,
Or estoroit il bien raison
Que vos m'en otroiez .1. don
Que cist premier anz fust passez
Que ne fusse desdis assez. »
Otroié li ai boenemant;
Mais ne fu pas à longuemant;
Car à grant poine part son hus :
Ele soloit estre au desus.
Celi qui point set de raison
Devez tenir por fol bricon
Qui sa fame laisse puiier,
N'o premier an à so haucier

. . . .

Que solemant d'un fol regart
Là o ele l'orra parler,
La face il trestote tranbler;
Et cil qui autre chose an fait
Li porchace son mauvais plait.
 Si vos recont d'un païsant :
Fame prist bele et avenant;
Riches estoit, de grant lignaje,
Mais mout estoit de fel coraje,
Car si trés felonesse estoit
Que nus vaintre ne la pooit.
.I. jor s'alerent deporter
Par une prée por joer;
Li prodom a parlé premiers :
« Voir, mout est cist prez bien fauchiez. »

La fame li a respondu :
« N'est pas fauchiez, ainz est tondu. »
Et cil en jure saint Jehan
Ne fu pas tonduz en un an.
Et ele en jure saint Omer
Qu'il fu tonduz et bertodez.
Qant li preudom s'oï desdire,
Sachiez que mout en a grant ire ;
.Lx. cous de livreison
Li a donez en un randon.
A la terre est cheüe pamée
Et ne dist mot d'une loée ;
Là ne pot ele mot soner ;
Convint c'à ses doiz à motrer
Qu'il est bertodez et tonduz.
Mout fu li prodom esparduz ;
Sa main lieve, si s'est seigniez,
Mout s'est durement merveilliez ;
Bien voit que ja ne la vaintra :
A deiables la commanda.

Ci fenit do Pré tondu.

CV

DE LA SORISETE DES ESTOPES

Bibl. de Berne, Mss. 354, fol. 175 r° à 175 v°
et 56 r° à 57 r°.

Après vos cont d'un vilain sot
Qui fame prist, et rien ne sot
De nul deduit q'apartenist
A fame, se il la tenist,
C'onques entremis ne s'en fu ;
Mais sa fame avoit ja seü
Tot ce que home sevent faire,
Que, à la verité retraire,
Li prestes son boen en faisoit,
Qant il voloit et li plaisoit,
Et, que tant vint à icel jor
Q'ele asenbla à son seignor.
Lors dist li prestes : « Doce amie,
Je voil à vos, ne vos poist mie,
Avoir à faire, s'il vos loist,
Ainz que li vilains vos adoist. »
Et cele dit : « Volantiers, sire,
Que je ne vos os escondire ;
Mais venez tost et sanz demore,
Qant vos savroiz qu'il sera ore,
Ainz que mes sire l'ome face,
Que perdre ne voil vostre grace. »

Ensi fu enpris li afaire.
Après ice ne tarda gaire
Que li vilains s'ala cochier,
Mais ele ne l'ot gaires chier,
Ne son deduit ne son solaz,
Et il la prant entre ses braz.
Si l'anbraça mout duremant
Que il n'en sot faire autremant
Et l'a mout soz lui estandue.
Et cele s'est mout desfandue
Et dist : « Qu'est ce que volez faire ?
— Je voil, » fait il, « vit avant traire :
Si vos fotrai se j'onques puis,
Se vostre con delivre truis.
— Mon con, » fait ele enneslo pas,
« Mon con ne troveroiz vos pas.
— O est il donc ? Nel me celez.
— Sire, qant savoir lo volez,
Jel vos dirai o est, par m'ame,
Muciez as piez do lit ma dame,
O jehui matin lo laissai.
— Par saint Martin, et je irai, »
Fait il, « ançois que je ne l'aie. »
De l'aler plus ne se delaie,
Ainz va querre lo con lo cors ;
Mais la vile, o estoit li bors
O sa fame avoit esté née,
Loin d'iluec fu plus d'une lée.
Endemantres que li vilains
Fu por lo con, li chapelains

S'ala couchier dedanz son lit
A grant joie et à grant delit,
Et fist qanque li plot à faire;
Mais ne fait pas tot à retraire
Con li vilains fu deceüz :
Onques plus fous ne fu veüz.
Qant vint chiés la mere sa fame,
Si li a dit : « Ma chiere dame,
Vostre fille m'anvoie ça
Por son con que ele muça,
Ce dit, as piez de vostre lit. »
La dame pansa .1. petit,
Et en pansant s'aparcevoit
Que sa fille lo decevoit
Por faire aucune chose male.
A cest mot en la chambre avale,
Et trove .1. penier plain d'estope;
Qui qu'an ait fait, ele les cope :
« Cest panier li bailleroiz ci. »
Lors a cil lo panier saisi.
Mais es estopes ot tornée,
Et bien s'i fu envelopée
Une soriz, sans nule dote.
Cele li baille, et il la bote
Tot maintenant desoz sa chape,
Et au plus tost qu'il puet s'eschape
De li por revenir arriere;
Et qant il vint en la bruiere,
Et dist une mout grant marvoille :
« Ne sai, » fait il, « se dort o voille

Li cons ma fame, par saint Pol,
Mais mout volantiers, par saint Vol,
Lo fotisse, ainz que je venisse
A l'ostel, se je ne cremisse
Qu'i m'eschapast à mi ces voies ;
Et sel fotrai je totes voies,
Por savoir se c'est voirs o non
Que l'an dit, que il a en con
Mout douce et mout soëf beste. »
Maintenant de son vit la teste
Li lieve et fu droiz comme lance,
Et enz es estopes s'elance :
Si se conmance à parpillier,
Et la soriz saut del penier,
Si s'an torne par mi les prez.
Après est li vilains alez
Grant aleüre et à grant pas ;
Si cuide qu'ele face en gas
Et si dit : « Deus ! si bele beste !
Je cuit certes que de la teste
Soit ele pas encor irée.
Si n'a gaires qu'ele fu née ;
Je voi bien que mout est petite ;
A Deu et à saint Esperite
La conmant et au Sauveor.
Je cuit certes qu'ele ait peor
De mon vit, si ot el por voir
Par les iauz Deu, que le vit noir
Et roige le musel devant.
Las, or me vois aparcevant!

Que ele en ot peor acertes.
Lasse, con recevré granz pertes,
Se ele muert! Sainte Marie!
Ele iert ja noiée et perie
En la fosse, se ele i antre ;
Ele en a moillié tot le vantre
Et tot lo dox et les costez.
Ostez, biau sire Deüs, ostez!
Que ferai je, se ele muert? »
Li vilains ses .II. poinz detuert
Por la sorriz qui braint et pipe.
Qui li veïst faire la lipe
Au vilain et tordre la joe,
Manbrer li poïst de la moe
Que li singes fait quant il rist.
Li vilains, tot belemant dist :
« Biaus cons, doz cons, tost revenez;
Tote ma fiance tenez,
Que mais ne vos adeserai
Devant que à l'ostel serai,
Et tant que vos avrai livré
A ma fame, si delivré
Vos puis avoir de la rosée.
Faite en sera mout grant risée
S'an set qu'eschapez me soiez.
Ahi, vos seroiz ja noiez,
Biaus cons, en la rosée grant.
Venez, si entrez en mon gant ;
Je vos metrai dedanz mon sain. »
Tot ensi se travaille en vain,

Que il ne set tant apeler
Que ele voille retorner,
Ainz se pert en l'erbe menue.
Qant il voit que il l'a perdue,
Si devient mornes et pansis.
Atant s'est à la voie mis,
N'aresta jusq'an sa maison.
Tot sanz parole et sanz raison
S'estoit sor .I. banc deschauciez;
Sachiez qu'il n'estoit mie liez,
Et sa fame li dist : « Biau sire,
Qu'est ce ? Je ne vos oi mot dire ;
Don n'estes vos haitiez et sains ?
— Je non, dame, » fait li vilains,
Qui totes voies se deschauce
Et despoille, et ele li hauce
La coverture et lieve en haut.
Et li vilains joste li saut
Et se coche testoz envers,
Ne ne dist ne que uns convers
Que li parler est desfanduz ;
Ençois se gist toz estanduz.
Cele lo vit mu et taisant,
Si li a dit de maintenant :
« Sire, donc n'avez vos mon con ?
— Je non, dame, je non, je non ;
Mar l'alasse je onques querre,
Qui m'est là hors cheoiz à terre :
Si est ja noiez en cez prez.
— Ha, » fait ele, « vos me gabez.

— Certes, dame, » fait il, « non faz. »
Ele lo prant entre ses braz :
« Sire, » fait ele, « ne vos chaille ;
Il ot de vos peor sanz faille
Por ce qu'il ne vos connoissoit,
Et chose qui li desplaisoit,
Au mien cuidier, li faisiez,
Et se vos or lo tenoiez,
Qu'an feroiez ? Dites lo moi.
— Je lo fotroie, par ma foi,
Et voir en l'oil li boteroie,
Ensi que je lo creveroie
Por le coroz que il m'a fait. »
Et ele li dist entresait :
« Sire, il est ja entre mes jambes,
Mais ne vosisse por Estanpes
Que il fust si mal atornez
Con il est en voz mains tornez
Tot soavet et belement. »
Et li vilains sa main i tant ;
Sel prant et dit : « Gel tien as mains.
— Or l'aplaigniez don tot as mains, »
Fait ele, « qu'il ne vos estorde,
Et n'aiez peor qu'il vos morde ;
Tenez lo qu'il ne vos eschat.
— Voire, » fait il, « por nostre chat, »
Fait li vilains, « s'il l'ancontroit :
Ja Deus à merci nel m'otroit
Qu'il nel manjast au mien cuidier. »
Lors lo conmance à aplaignier ;

Si sant mout bien qu'il est moilliez :
« Ha las! encor est il soilliez
De la rosée o il chaï! »
Li vilains dit : « Ahi, ahi!
Con vos m'avez hui corecié!
Mais ja par moi n'en iert grocié
De ce que il est arosez;
Or vos dormez et reposez,
Que ne vos voil huimais grever;
Las estes de core et d'aler. »
　　Enseignier voil por ceste fable
Que fame set plus que deiable,
Et certeinemant lo sachiez.
Les iauz enbedeus li sachiez
Se n'é à esciant dit voir.
Qant el viaut ome decevoir,
Plus l'an deçoit et plus l'afole
Tot solemant par sa parole
Que om ne feroit par angin.
De ma fable faz tel defin
Que chascun se gart de la soe
Qu'ele ne li face la coe.

　Ci fenit de la Sorisete des estopes.

CVI

DE CONSTANT DU HAMEL

Paris, Bibl. nat., Mss. fr. 837, fol. 14 r° à 19 r°,
1553, fol. 488 v° à 493 r°, 19152, fol. 77 r° à 80 r°,
et Bibl. de Berne, Mss. 354, fol. 80 v° à 88 v°.

MA paine vueil metre et ma cure
En raconter une aventure
De sire Constant du Hamel ;
Or, en escoutez le fablel,
Et de dame Ysabiau sa fame,
Qui mout estoit cortoise dame,
Et preus, et sage et avenant.
El païs n'avoit si vaillant
Por esgarder ne por veoir.
Li prestres i mist son pooir
A li requerre de s'amor ;
Ensanble o li parla maint jor,
Si la requist de druerie,
Et dist, se devenoit s'amie,
Il li donroit assez joiaus,
Fermaus, çaintures et aniaus,
Et deniers assez à despendre.
Mès la dame n'en vout nus prendre,
Ainz dist que ja par covoitise
Ne fera au prestre servise,

Por tant qu'ele en doie estre pire.
Puis dist : « Sire, j'ai oï dire
Que, se vostre soingnant estoie,
L'amor de Dieu en perderoie :
Je sui cele qui vous en faut. »
Li prestres sovent la rassaut;
Si la prie bel, et li offre
.Xx. livres qu'il a en son coffre;
Mès il la trueve si repointe,
Guetant, et escoutant, et cointe,
Et felonesse à entamer,
Que il n'i puet rien conquester.
Mout est dolenz quant il s'en part;
Malement est blecié du dart
D'amors qui l'a ou cors navré,
Et l'a si durement hurté
Que d'angoisse tressue et gient;
A quel que paine à l'ostel vient,
Poi li a value sa guile.
    Oiez du provost de la vile,
Qui les prisons a en baillie.
Icil a la dame essaïe;
Se li fet .I. cembel novel,
Por ce qu'ele se porte bel
Et qu'il la vit gente et cortoise :
« Ha, dame, » fet il, « mout me poise
Que cil vilains vous a en garde.
Maus feus et male flambe m'arde,
Se je estoie comme vous,
Se je ne le fesoie cous,

Qu'il est plus aspres c'une ronsce.
Mieus vaut de mon solaz une once
Que du sien ne fet une livre.
Mès fetes ami à delivre,
Quar il est gros et malostrus;
Il n'est sovent rez ne tondus,
Ainz est et ors et deslavez.
Mès, se vous croire me volez,
Je serai voz amis delivres;
Si vous donrai du mien .x. livres
Por consentir ma volenté. »
Et la dame l'a regardé,
Se li dist : « Sire, ne puet estre :
Je voudroie mieus estre à nestre
Que je feïsse tel outrage.
Bien avez or el cors la rage,
Qui me volez issi honir;
Certes mieus voudroie morir
Que j'eüsse fet itel saut.
Vostre sermon poi vous i vaut
Et voz deniers bien les gardez,
Que dans Constans me trueve assez
Qui mout doucement m'a norrie,
Et je feroie grant folie
Se je por bien mal li rendoie. »
Atant le guerpist en la voie,
Et il remest toz trespenssez;
Mout fu dolenz et abosmez
Quant il ne la puet convertir.
Ice l'en fet resouvenir

Qu'ele a gent cors et avenant,
Le vis traitis et biau samblant,
Les ieus vairs, la bouche petite ;
Ne porroit pas estre descrite
Par le provost sa grant biauté :
« Je sui, » fet il, « musart prové ;
Amerai la je dont à force,
Quant je n'en puis percier l'escorce ?
Malement avroie son cuer.
Or me vueil je trop geter puer.
Amerai la puisqu'el ne m'aime. »
Ainsi a soi son cuer reclaime
Li provos, quant il mieus ne puet ;
Grant chose à en fere l'estuet.
  La dame à l'ostel est venue.
A l'endemain s'est esmeüe,
Si est alée à sainte yglise.
Quant ele ot oï le servise,
Vers son ostel est retornée.
Li forestiers l'a encontrée,
Qui gardoit le bois au seignor ;
Mout fu biaus et de bel ator,
Et bien armez d'arc et d'espée.
Il a la dame saluée,
Ele li rent salu mout bel ;
Il trait esraument .I. anel
De son doit, bien valoit .I. marc :
« Dame, ne vous doins pas mon arc, »
Fet il, « mès l'anel vous doins gié,
Por seulement avoir congié

De besier cele bele bouche,
Dont la douçor au cuer me touche. »
Ele respont comme cortoise :
« Certes, sire, pas ne me poise
Se l'arc et l'anel vous remaint,
Quar nul besoing ne me soufraint
Par qoi vous m'aiez si sorprise ;
Je ne vous ferai ja servise
Par vilonie que je sache.
Ja por paor de vostre hache,
Ne por le don de vostre anel,
Ne ferai rien dont vous soit bel,
Por tant qu'à mon seignor desplaise.
Ralez vous en tout à vostre aise,
Et je m'en irai à l'ostel ;
Je ne pris pas .I. don de sel
Homme qui est si garçonier.
Vostre fame se plaint l'autrier
Qu'el n'avoit o vous se mal non ;
Vous en avrez mal guerredon,
Quant que ce soit, ou tost ou tart. »
A cest mot de li se depart,
Et il remest plus chaut que brese.
Qui li eüst la teste rese
Sanz eve à .I. coutel d'acier,
Ou les cheveus fet esrachier,
Si l'en fust il assez plus bel.
 Mesire Constant du Hamel
Ne savoit mot de tout cest plet.
Or oiez que la dame a fet.

A son ostel en vint errant ;
S'a fet mengier le païsant,
Puis l'envoia en son labor,
Où il seut aler chascun jor.
Un jor avint, ce dist mon mestre,
Que le forestier et le prestre
Et le provost, si com moi samble,
Alerent boivre tuit ensamble.
Quant il orent beü assez,
Tant qu'il furent toz eschaufez :
« Sire, » dist le provost au prestre,
« Dont ne feroit il or bon estre
O la fame sire Constan.
On en devroit juner .I. an
En pain et en eve et en sel
Et en viande quaresmel,
Por avoir en au cuer grant joie.
— Ci n'a que nous .III. qui nous oie, »
Ce respondi le forestier,
« Qui porroit sa bouche besier,
Il en devroit souffrir la mort. »
Dist li prestres : « Vous avez tort
Tant jeüner et mort reçoivre ;
Por une tel fame deçoivre,
N'est mie bone chose à fere.
Pensser covendroit d'autre afere
Celui qui la voudroit amer,
Quar nului ne veut escouter.
Qui de li se veuille entremetre,
De son chastel l'estuet jus metre,

Tant que besoing, poverte et fain
La face venir à reclain.
Ainsi doit on servir vilaine;
Fols est qui autrement s'en paine. »
  Or oiez du conseil au prestre.
Por le vin qui le fist fol estre,
A dit à ses .ii. compaingnons :
« Or escoutez que nous ferons.
Ne sommes nous assez poissant
Por amaigroier dant Constant?
Pelez de là, et je de ça.
— Dehez ait qui ja i faudra, »
Ce respont chascuns endroit soi,
« Or soions compaignon tuit troi;
Bien poons souffrir cest marchié. »
A cest mot se sont destachié,
Si departirent de l'escot.
Messire Constans pas ne sot
Que l'en li ait tel plet basti.
  .I. diemenche avint issi
Que le provoire sermona.
Aval le moustier regarda;
Si vit dant Constant devant soi.
Il ne li dist pas en reqoi,
Mès si haut que tuit l'entendirent :
« Tuit cil qui sainte yglise empirent,
Sont de Damedieu dessevrez;
Seignors et dames, escoutez.
Vez là dant Constant du Hamel,
Qui est maris dame Ysabel;

Il a espousé sa commere :
Si est bien droiz qu'il le compere,
Quar cil qui les forfez encerque
Si l'a conté à l'archevesque.
Si m'a mandé que je li main
Lui et sa fame hui ou demain;
Si les fera l'en departir,
Que la loi ne le puet souffrir.
Sire Constant, issiez vous ent
De cest moustier isnelement;
Je vous congi de sainte yglise;
Il n'i avra chanté servise
Tant comme vous ceenz serez. »
Dont fu Constans forment irez,
Quant li prestres li dist tel conte;
Toz fu esbahiz de la honte,
Si qu'il ne set qu'il doie dire;
Pales, descolorez, plains d'ire,
S'en est fors du moustier issuz.
A l'ostel le prestre est venuz,
Et, quant la messe fu chantée
Et la gent en fu toute alée,
Li prestres vint à son ostel,
Et dans Constans n'atendoit el;
Contre lui est corant venuz :
« Fui de ci, vilains malostruz, »
Fet li prestres, « ce ne vaut riens;
Je serai por toi toz raiens,
Que j'ai souffert ton avoltire.
— Por amor Dieu, biaus trés douz sire, »

Fet dans Constans, « donez du mien
A l'archevesque et au doien
Por moi fere cuite clamer.
— Et que vodroies tu doner ?
— Sire, .VII. livres vous otri.
— A quant paier ? — A mercredi.
— Or te haste de l'aquiter :
Se tu pues por tant eschaper,
Dieus t'avra donée sa chape. »
Atant sire Constans eschape,
Si est à son ostel venu ;
Et, quant sa fame l'a veü,
Bien voit qu'il estoit corouciez ;
Ses braz li a au col ploiez :
« Et qu'avez vous, » fet ele, « amis ?
— Dame, » fet il, « mal sui baillis ;
A .VII. livres m'a mis le prestre
Se nous volons plus ensamble estre,
Moi et vous, où il nous envie,
Que demain ert la departie.
Quel conseil en porrons nous prendre ?
Ne sai qui li a fet entendre
Que vous estiiez ma commere.
— Or ne vous chaut, » fet ele, « frere.
Toz près les ai, ses paierai ;
Ja mar en serez en esmai,
Ne plus que por .I. oef de quaille.
Plus avons nous deniers que paille ;
S'en donrons .X. livres ou .XX.
Bien sai dont ceste chose vint :

Ne vous en chaille à coroucier,
Mès alons liement mengier. »
Atant s'assistrent esraument.
Mès n'orent pas mengié graument,
Estes vous le mès au provost :
« Levez sus, dant Constant, or tost, »
Fet il, « si venez à la cort.
— N'avra il loisir qu'il s'atort ? »
Dist la dame. « Que ce puet estre ?
— Par foi, dame, » fet il, « mon mestre
L'a mout de tost venir hasté. »
A icest mot s'en est torné.
Si vint au provost qui là bée.
Onques n'i ot reson contée,
Fors que Constans le salua,
Et li provos le rooilla,
Sanz plus dire, el cep l'a assis :
« Dans vilains, encor avrez pis,
Que vous serez mis au gibet. »
Puis dist à Cluingnart son vallet :
« Va tost, si di à mon seignor
Que je ai pris le trahitor
Qui li a son forment emblé,
Et plus d'un mui en a osté,
Et par nuit sa grange brisie. »
Or ot dant Constant grant haschie,
Quant larrecin s'ot metre seure :
« Ha, sire, se Dieus me sequeure, »
Fet dans Constans, « je n'i ai coupes. »
Dist li provos : « Ce sont estoupes

Dont vous me volez estouper;
Ausi bien vous venist harper
Et hurter vo chief au greïl,
Que dusqu'au chief de vo cortil
Fu du blé la trace sivie.
— Sire, » fet il, « c'est par envie
Que l'en m'a mis seure tel oevre,
Mès, ainçois que plus en descuevre,
Prenez du mien por pais avoir;
Je n'ai ou mont si chier avoir
Que ne vousisse avoir doné,
Ainz c'on m'eüst ici trové
En cest cep à tel deshonor.
— Que donras tu à mon seignor,
Se je te faz estre delivres?
— Sire, je li donrai .xx. livres.
— Or t'en reva en ta meson :
Je serai por toi champion. »
Atant l'a hors du cep osté
Et dant Constant s'en est torné
Trés par mi l'eur d'une couture.
    Estes vous poingnant à droiture
Contre lui son bouvier Robet :
« Qu'as tu? » fet il, « qu'as tu, vallet?
Qu'as tu? » fet il, « comment vas tu ?
— Sire, mal vous est avenu :
Li forestiers voz bues en maine.
Il dist que en l'autre semaine
Li emblastes par nuit .iii. chesnes
Qui vous cousteront .iiii. braines,

Et mercredi au soir .1. hestre.
— Dieus, » dist Constans, « ce que puet estre.
Tant ai hui tret male jornée. »
Lors a sa chape desfublée,
Si cort après le forestier ;
En haut li commence à huchier :
« Por Dieu, biaus sire, atendez moi.
— Ha, dans vilains de pute foi,
Tant avez or le cul pesant ;
Se vous venez .1. poi avant,
Je vous ferai du cors domage.
Se m'aportiiez .1. frommage
En vostre giron et .v. oes,
Bien cuideriez ravoir voz bues ;
Mès voir tout autrement ira :
Vostre pechié vous encombra,
Quant nostre bois nous essartastes,
Et à mienuit l'en portastes. »
  Or fu dans Constans mout iriez,
Mout fu dolenz et corouciez,
Et dist : « Sire, vous i mentez ;
Si je fusse ausi bien armez
Comme vous estes parigal,
Sor vous en revenist le mal ;
Ou se j'eüsse mon hoel,
Je vous ferisse el haterel.
Nel lessaisse por vous, viellart ;
Vous eüssiez chaucié trop tart
Vos .ii. brochetes en vos piez. »
Lors fu li forestiers iriez ;

Fabl. IV 23

Si le regarde fierement :
« Vilains, dont te vient hardement
Que tu te veus à moi combatre ?
Por le cuer bieu, veus me tu batre ?
Tu sambles mieus leu qu'autre beste
De braz, de jambes et de teste.
Par les ieus bieu, mar le penssas,
Jamès franc homme n'assaudras :
Ta pance t'estuet descarchier,
Par li vent l'en les pois si chier ;
Ja ton hoel ne t'ert garant. »
Lors li torne li glaive avant,
Dont fu Constans en grant effroi.
Quant il le vit venir vers soi :
« Sire, » dist il, « por Dieu merci,
Acordons nous, je vous en pri.
Ne me devez tenir si cort ;
Se vous me menez à la cort,
N'i avrez mie grant profit.
J'ai en ma chambre lez mon lit
.C. sous de deniers à vostre oes,
Mès que je raie en pès mes bues
Et racordez soie par tant. »
Et cil qui n'aloit el querant,
Mès qu'il eüst vers lui l'avoir,
Li dist : « Quant les porrai avoir ? »
Cil li respont : « Dedenz juesdi.
— Fai m'en seür. — Jel vous afi.
— Et je la praing, comment qu'il aille ;
Or en pues remener t'aumaille. »

Dans Constans à l'ostel repere ;
Mout est dolenz, ne set que fere :
Il n'a membre qui ne li faille.
Aus chans a lessié s'aumaille,
En meson est venuz berçant,
Onques ne dist ne tant ne quant.
Sor .I. lit s'est lessiez verser ;
Sa fame li cort demander :
« Sire Constant, qu'avez trové ?
— Dame, puis l'eure que fui né,
N'oi autrestant mal ne dolor,
Com j'ai eü hui en cest jor. »
Lors li conte le destorbier
Du provost et du forestier :
Comme il est issus de prison
Por .XX. livres de raençon ;
Après li conte le meschief
Du forestier de chief en chief,
A cui il doit .C. sous paier :
« Dame, mout me doi esmaier,
Que je n'en sai denier ou prendre ;
Or me covient m'avaine vendre,
Et le blé que devons mengier.
— Sire, ne vous chaut d'esmaier, »
Fet la dame qui mout fu sage,
« Ja n'en metrai mantel en gage
Por vous oster de ceste paine,
Ja n'en vendrez blé ne avaine :
Bien vous metrai hors de la trape,
Et cil remaindront en la frape,

Dont vous serez autrestant lié,
Comme avez esté coroucié. »
Tant se pena du conforter,
Que il sont assis au souper.
Quant Constans ot assez mengié,
Si l'a dame Ysabiaus couchié.
Au matin va à la charrue;
La dame ne fu esperdue,
Ainz apele sa chamberiere,
Une gorlée pautoniere.
La garce ot à non Galestrot,
Mout sot de fart et de tripot;
La dame l'apela à soi :
« Galestrot, or entent à moi,
Que Damedieus nous doinst gaaing !
Va moi appareillier .I. baing. »
Cele se haste, ne puet plus,
Ainz mist la paiele desus,
Puis mist l'eve chaude en la cuve,
Et dras desus por fere estuve.
A sa dame revint errant :
« Dame, j'ai fet vostre commant.
— Galestrot, bele douce amie,
Je te commant deseur ta vie
Que tu soies preus et isnele,
Et si saches de la favele,
Tant que nostre preu en traion.
Va, si gaaigne .I. peliçon :
Di le prestre, qui tant me prise,
Que sui preste de son servise,

Se il me tient ma couvenance :
Di qu'il m'aport sanz delaiance
Les .x. livres et les joiaus. »
Cele a escorcié ses trumiaus,
Qui sont gros devers les talons ;
Onques vache, que point tahons,
Ne vi si galoper par chaut
Comme Galestrot va le saut :
Mout se paine de tost aler.
Li prestre ert venuz de chanter,
Tantost le tret à une part :
« Sire, » dist ele, « Dieus vous gart !
Je cuit, j'ai ma paine perdue :
Tant me sui por vous combatue
Que j'ai ma dame convertie.
Sire, j'ai ma dame trahie :
Or soiez larges et cortois ;
Vous n'i avenissiez des mois,
Se je ne m'en fusse entremise.
Ci n'afiert pas longue devise :
Aportez li tost sa promesse,
Et je n'ai point de guimple espesse. »
Le prestre l'acole, si rist :
« Galestrot, ne te soit petit,
Tien or .xx. sous à .i. pliçon.
Est or li vilains en meson ?
— Nenil, li las, il n'i est mie.
Sire, j'ai ma dame trahie,
Por vostre cors le debonere. »
Cele, qui bien sot son preu fere,

Bouta les .xx. sous en son sain,
Puis se parti du chapelain.
Et il est coruz aus deniers ;
Tant en a pris cens et milliers,
C'une grant borse en a emplie :
Et les joiaus n'oublia mie,
Ainz a tout mis en .I. sachel,
Puis a affublé .I. mantel
Vair d'escarlate taint en graine.
Si com fortune le demaine,
De son ostel s'en ist atant :
Mout se vait sovent soufachant
Que li sachès li poise aval.
Or oiez com li avint mal :
En mi sa voie a encontrée
Une geline pielée,
Qui pasturoit en la charriere ;
A poi ne s'en retorne arriere,
Por ce qu'il i entendoit sort.
A ses piez trueve .I. baston tort,
A la geline lest aler,
Et ele s'en prist à voler ;
En son langage le maudist :
Honte li viegne, et il si fist.
Qui donc veïst le prestre aler,
Le chief bessier et esgarder,
Tant qu'il entra enz ou hamel,
Contre lui vient dame Ysabel,
Qui mout li fet blondete chiere,
Puis apela sa chamberiere :

« Va tost cel seignor deschaucier,
Que je le vueil fere baingnier,
Et je me baingnerai après ;
Si nous solacerons huimès,
Si m'embelira plus son estre.
— Par foi, dame, » ce dist le prestre,
« Je ne vou osai pas mentir. »
Lors li commence à descouvrir
Le sachet qui n'ert pas petit,
Et el le gete sus son lit,
Onques au conter n'i mist paine.
La dame, qui n'ert pas vilaine,
Le sot tant de ses diz lober
Qu'el le fist enz el baing entrer,
Puis prist la robe et les deniers,
Ainz n'i lessa nis les chauciers,
En sa chambre a trestout geté ;
Or sont cil mis à sauveté.
A Galestrot va conseillier :
« Va toi bien tost apareillier ;
Si me fai venir le provost.
Di li que il m'aport bien tost
Ce que il m'ot en couvenant. »
Et cele i ala esraumant,
Qu'ele en fet voler les esclas.
S'ele puet tenir en ses las
Le provost, il li rendra conte :
De parler à lui n'a pas honte,
Ainz le salue hautement :
« J'ai en vous, » dist el, « mal parent,

Dant provost, por vostre richoise ;
Mès j'ai vers vous fet que cortoise,
Que, ne me vueil desnaturer,
Qui me deüst .c. sous doner,
Ne me fusse plus entremise
Nuit et jor de vostre servise.
Tant ai ma dame coru seure
Que ele est maintenant en l'eure
De fere tout vostre plesir ;
Mès hastez vous de tost venir,
Et si ne devez pas lessier
Ce que vous deïstes l'autrier.
Ma dame a mout d'argent à fere :
Ele est si franche et debonere
Que mout bien le vous savra rendre,
Mès ele a or mestier de prendre. »
Quant li provos ot et entent
Que la chose est à son talent :
« Galestrot, » dist il, « douce amie,
Je ne te doi oublier mie,
Que tu m'as servi bien et bel :
Tien or .xx. sols à .i. mantel. »
Il li mist ou giron devant,
Et ele s'en torna atant,
Vers sa meson s'en va tout droit.
Li provos après li aloit,
A l'uis est venuz, si apele :
« Lasse ! ci a male novele, »
Fet la dame, « c'est mon seignor.
— Dame, por Dieu le creator, »

Dist le prestre, « que porrai faire ?
Voz maris est de si put aire,
Qu'il m'avra ja tout esmié :
Il est vers moi forment irié.
— Sire, » dit el, « n'aiez paor :
Je vous metrai en tel destor,
Où il ne vous savroit ouan ;
En cel tonnel desoz cel van,
Il n'i a riens que plume mole. »
Li prestres crut bien sa parole :
El tonnel saut de plain eslès ;
Si le refist couvrir après.
Estes vous le provost errant,
La dame li fist biau samblant,
Il la vout maintenant besier :
« Sire, » dist el, « ce n'a mestier,
Que savez vous qui nous esgarde ?
Honte m'i fet vers vous couarde ;
Mès amors m'i fera hardie,
Quant je serai de vous sesie.
— Dame, » fet il, « c'est verité ;
Mès je vous ai ci aporté
Ne sai quans deniers que j'avoie. »
Atant li baille la corroie
Qui mout estoit plaine et farsie.
La dame n'en refusa mie,
Ainz l'a en sa chambre portée.
Je ne vueil fere demorée
N'aconter chascune parole,
Mès la dame par sa parole

Li dist tant qu'il entra ou baing.
Or li est doublés son gaaing,
Que sa robe a en sauf portée.
Puis a Galestrot apelée,
En bas li prist à conseillier :
« Va moi querre le forestier ;
Di li au mieus com tu savras.
Se nous poons metre ses dras
O les autres, ce m'ert mout bel.
Di li que il m'aport l'anel
Qu'il me vout l'autre jor doner. »
Qui donc veïst cele troter
Par mi la rue au plus que puet,
Or sachiez que venir estuet
Le forestier, s'ele l'ataint.
Quant el le vit, pas ne se faint
De bien portretier sa parole :
« Je sui, » dist el « musarde fole ;
Qu'ai je de cest vassal à fere?
Se il ne fust si debonere,
Je n'alaisse por lui plain pas. »
Puis lui dit souavet en bas :
« Venez à ma dame parler ;
El ne fina puis de pensser
Qu'ele vous geta l'autrier puer.
Mès je l'ai pointe jusqu'au cuer,
Sovent et menu l'ai tastée,
Tant que por vous est eschaufée ;
Vostre anel d'or li aportez :
El vous donra du suen assez. »

Le forestier de joie saut :
« E ! Galestrot, se Dieus me saut,
Bon le feïs, se je puis vivre,
Que je la tenisse à delivre
Ma dame qui tant par est simple :
Tien or .x. sous à une guimple. »
Cele les a pris come sage ;
Et celui i lera tel gage
Qu'il ne ravra mès de semaine.
Tant a corut à longue alaine,
Qu'ele vint en meson batant,
La dame trova deschauçant,
Que mout le hastoit le provost.
Es vous le forestier tantost,
A la porte vient, si apele :
« Lasse ! ci a froide novele, »
Fet la dame, « mon seignor vient. »
Li provos mout forment le crient,
Por ce qu'il l'avoit coroucié :
« Dame, vous m'avez engingnié, »
Fet il, « s'or n'en prenez conroi.
— Sire, ne soiez en effroi, »
Fet la dame, « muciez vous ça,
Que mon seignor s'en ira ja. »
Atant le tonnel descouvri,
Et il i est joinz piez sailli,
A poi qu'il ne creva le prestre :
« Hé, las ! » dist il, « ce que puet estre,
Or sont deable descendu. »
Quant li provos l'a entendu,

A poi qu'il n'est du senz mariz :
« Ha, laz ! » dist il, com sui trahiz !
— Trahiz, por les angoisses Dé ?
Qui es tu, qui m'as afronté ?
— Mès tu, qui es ? — Je sui le prestre.
Li deable te font ci estre,
Cil d'enfer qui pas ne sommeillent,
Qui por la gent engingnier veillent;
Hui furent il trop esveillié
Qu'il m'ont trahi et engignié.
Et tu qui es, di le moi tost ?
— Ba ! je sui le chetif provost.
— Le provost ! donques n'ai je mal. »
Ainsi s'acontent parigal
L'un à l'autre lor aventure.
Le forestier ne s'asseüre,
Ainz entre en l'ostel bel et cointe.
La dame s'est près de lui jointe;
Tant le blandi et tant le lie,
Qu'ele fu de l'anel sesie,
Puis si le fist el baing entrer.
Anuiz seroit à raconter
Chascun dit et chascun afere,
Mès bien en sot la dame trere
L'anel, et ce qu'en pot avoir.
A son seignor a fet savoir
Qu'il viegne tost, qu'ele a besoing.
La charrue n'ert gueres loing;
Es le vous entré en la porte :
« Lasse, » dist ele, « or sui je morte,

Mes sires vient, oez le là ;
Mès bien sai qu'il s'en rira ja :
Il n'est pas tens de dosnoier.
— Dame, » ce dist le forestier,
« Vostre sire vous het de mort,
Se ne prenez de moi confort. »
Dist la dame : « Fetes isnel,
Si en entrez en cel tonnel. »
Ele corut le van oster,
Et cil saut enz sanz arester ;
Le prestre ataint en la poitrine,
Au provost fet ploier l'eschine ;
Mès nus d'aus n'en osa groucier :
« Ha, las ! » ce dist le forestier,
« Com sui folement embatuz.
— Qu'est ce ? Mal soiez vous venuz, »
Dist le provost, « traiez vous là ;
Je cuit que je creverai ja,
Se nous sommes ci longuement.
— Ha, las ! » dist le prestre dolent,
« Com ci a dolente poitrine !
— Mès je ai brisie l'eschine, »
Dist le provost, « au mien cuidier.
— Ha, las ! » ce dist le forestier,
« A poi que li oeil ne me saillent.
Les vies qui tant nous travaillent,
Soient honies hui cest jor,
Que nous vivons à grant dolor ! »
Estes vous dant Constant bruiant,
Une grant hache paumoiant.

Dame Ysabiaus l'a acené,
Tout belement li a conté
Comme el les a mis el tonel :
« Por Dieu, sire, or en ouvrez bel ;
Fetes en ce que il feïssent
Se au desus de nous venissent.
Il voloient à moi gesir :
Je ferai lor fames venir,
Si ferez samblant, et tout outre
La premiere vous covient foutre,
Et puis les .II., se vous poez ;
Ses avrez honiz et matez.
Je vueil que ainsi le faciez.
Si les avrez à droit paiez,
Et tenez adès ceste hache,
Quar ele vaut une manache ;
Donez lor en, se nus se muet.
— Dame, » dist il, « fere l'estuet.
— Galestrot, vien çà, pute asnesse,
Va moi tost querre la prestresse :
Di li qu'el viegne o moi baingnier,
Et vous alez appareillier
Là dejouste cele grant mait ;
Si soiez toz diz en agait.
— Dame, vostre plesir ferai. »
Galestrot s'en va par le tai.
Tant a la prestresse hastée
Que a l'ostel l'a amenée.
La dame l'a fet deschaucier,
Et de toz ses dras despoillier,

Fors seulement de sa chemise ;
Li vilains a sa hache prise,
Qui mout bien samble espoentail.
De sa chambre ist a tout .I. mail :
« Qui est ce là, et qui est ceste ?
Ja n'i querrai ore plus preste :
Couchiez vous tost, si vous foutrai. »
Cele le vit hideus et lai ;
Si n'osa parler ne grondir.
Cil la vait aus jambes saisir,
Si l'a couchie toute enverse ;
Ne la prist pas à la traverse,
Ainz l'a acueillie de bout,
Et ele li livra trestout,
Ne li vea jambe ne cuisse.
Mès au prestre que ele puisse,
Ne s'en plaindra mès de semaine
Qui ou tonnel est à grant paine,
Qu'il en fet le verruel voler.
Li provos prist à esgarder ;
Si vit le vilain braoillier ;
Au prestre moustre sa moillier :
« Qu'est ce, » dist il, « que je voi là ?
Or esgardez ce que sera :
Ce puet bien estre la prestresse,
La connoistriez vous à la fesse
Et aus estres qui sont entor ?
L'en la demaine à grant dolor. »
Lors n'i a nul des .II. ne rie ;
Au prestre est l'alaine faillie

Du duel qu'il a et de la honte.
Mès ne vueil aloingnier mon conte.
Quant dant Constant l'ot bien corbée,
Si l'a fors de l'ostel boutée :
Ele s'en va mout coroucie.
Galestrot ert ja envoie
Por fere venir la provoste.
Dant Constans d'une part s'acoste,
Tant qu'ele fust leenz venue :
Quant ele se fu desvestue,
Et el cuida el baing entrer,
Dant Constans li va demander :
« Que requiert ceste dame ci ?
— Avoi, dant Constant, Dieu merci,
G'i sui venue mainte foiz.
— Par foi, dame, si est bien droiz
Que vous ore i soiez foutue. »
La dame fu toute esperdue;
Si se poroffri à deffendre,
Et cil la vait aus jambes prendre :
Se li a levées amont,
Les genouz li hurta au front.
Por ce qu'ele se deffendoit,
L'a il corbée si estroit
C'on i peüst jouer aus dez.
Se li prestres fu eschaufez
Li provos fu autant ou plus,
Quant il la vit par le pertuis
Demener si vilainement.
Le forestier s'en rist forment,

Et le prestre quant il la voit :
« Or en voi une à grant destroit,
Provost, connois tu cele là ?
Je cuit qu'ele tumbera ja. »
Ainsi chascuns le contralie ;
Li provos ne set que il die
De duel qu'il ne se puet vengier ;
Qui li donast tout Monpellier,
N'issist il .I. mot de sa bouche.
Dant Constans sovent la retouche
D'un fuisil qu'il avoit mout gros ;
Lor cul erent plus noir que fros
Qui mout estoient près à près.
Cil les esgardent tout adès,
Qui ou tonnel erent mucié.
Onques cele ne prist congié ;
Quant sire Constans l'ot corbée,
Hors de son ostel l'a boutée,
Ainz n'en porta mantel ne cote.
Galestrot par la vile trote,
Si amena la forestiere :
Cele i vint à poi de proiere.

Quant à l'ostel en fu venue,
Et ele se fu desvestue,
Se li restuet avoir sa paie.
Dans Constans qui pas ne s'esmaie,
Qui mout est d'anieus couvine,
Et plus veluz c'une esclavine,
Por ce qu'il la vit esbahie :
« Ceste, » dist il, « sera m'amie,

Je la fouterai jusqu'au pas.
— Avoi, dant Constant, est ce gas ?
— Gas ? Vous le verrez ja par tans. »
A poi qu'ele n'issi du sans,
Quar il la prist de tel ravine,
Qu'il la fist cheoir sor l'eschine;
Si l'a si durement corbée
C'on i peüst veoir l'entrée
De bien loing, qui s'en preïst garde :
« Esgarde, forestier, esgarde, »
Dist le provost, « ce que puet estre.
— Je le voi bien, » ce dist le prestre :
« Lor mireor si sont mout orbes,
Lor cul erent plus noir que torbes. »
Le forestier est si plains d'ire
Que il ne set qu' il doie dire;
Mès ce le fet reconforter
Que l'un ne puet l'autre gaber;
Et bien voient qu'il l'a corbée
Et rebessie et restupée;
Puis l'i renseigne à l'uis la voie.
Si souëf la dame convoie
Qu'il l'a fet voler ou putel
Son peliçon et son mantel,
Et sa cote remest en gage.
Mout par fu dame Ysabiaus sage,
Toz diz tint la hache en sa main.
Or escoutez de son vilain ;
Au tonnel vint, sel descouvri :
« Por le cuer bieu, et qu'est ce ci ?

Qui a cest tonnel emplumé,
Là où je doi metre mon blé?
Par le cuer bieu, je l'ardrai ja. »
Lors prent le feu, se li bouta,
Et la plume prist à bruller;
Le tonnel fist jus roeler,
Fors s'en issent, chascuns s'en fuit,
Mout mainent grant noise et grant bruit.
Tuit estoient de plume enclos :
Il n'i paroit ventre ne dos,
Teste, ne jambe, ne costé,
Que tuit ne fussent emplumé.
Aus chans issent par une rue,
Et Constans prist une maçue,
Si s'en vait après eus corant;
Toz jors lor vait les chiens huant :
« Houre, Gibet! houre, Manssel!
Par l'ame d'Anquetain Hamel,
Mon chier pere qui me norri,
Ainz mès puis l'eure que nasqui,
N'oï mès parler de teus bestes;
Se j'en peüsse avoir les testes,
Jes presentaisse mon seignor. »
Or ot chascuns d'aus grant paor,
Si s'esploitent de tost fuir.
Et chien commencent à venir;
Baloufart, le chien au provost,
Le sesi aus jambes tantost;
Si en porta plaine sa goule.
Le prestre rest en male foule,

Quar Esmeraude, sa levriere,
Le sesi aus naces derriere,
Et à la coille merveilleuse ;
Por noient i meïst venteuse.
Puisqu' Esmeraude si est prise,
Por trestout l'or qui est en Frise,
N'en partist ele sanz du sanc.
Li prestres fu las et estanc :
Si se lest cheoir à la terre.
Dant Constant l'est alez requerre ;
O toute la hache danoise
Tel cop li done en la ventoise
Que .iii. tors le fist roeler,
Vueille ou non, le fist jus verser.
Quant il li ot les chiens ostez,
Après les .ii. en est alez ;
Li provos avoit .i. levrier
Qui consivi le forestier,
Des cuisses li tret les braons.
Estes vous plus de .vii. gaingnons
Qui vers le provost se hericent ;
Sovent le mordent et pelicent.
Constans i est venuz corant
O tout .i. grant baston pesant,
Qui pesoit plain .i. vessiau d'orge.
Au provost a sauvé la gorge
Que li chien orent adenté ;
Tantost l'eüssent estranglé,
Mès il fuient por le baston ;
Ja li avoient le crespon

En plus de .xx. lieus deschiré.
Le forestier ont adenté,
Et il crie : « Constans, aïe ;
Por Dieu, le filz sainte Marie,
Ne me lesse mie mengier :
Jamès ne te toudrai denier. »
Et dans Constans les chiens li oste
Qui l'ont et devant et d'encoste
En plus de .xxx. lieus plaié,
Et cil se tient à bien paié.
Quant li chien li furent osté,
Forment li sainent li costé.

   Es vous la presse qui engroisse,
Toute la gent de la paroisse
I corurent de toutes pars,
Et par buissons et par essars :
Mout i ot grant noise et grant presse,
Et chascuns d'aus veoir s'engresse,
Por ce que mal atorné erent,
A poi que li chien nes tuerent
Par lor pechié, par lor envie,
Tant qu'il jurerent sor lor vie,
Seur la croiz et seur le sautier,
Et seur toz les sainz du moustier,
Qu'a sire Constant du Hamel
N'a sa fame dame Ysabel,
Ne diront mès riens, se bien non.
Et la dame est en sa meson,
Qui deniers a à grant plenté ;
Por ce qu'a sagement ouvré,

Les deniers ot et les joiaus;
Et si furent quites de ciaus
Que dans Constans avoit promis.
　En cest fabel n'avra plus mis,
Quar atant en fine le conte;
Que Dieus nous gart trestoz de honte!

Explicit de Constant du Hamel.

CVII

DE LA PUCELE

QUI ABEVRA LE POLAIN

Paris, Bibl. nat., Mss. fr. 19152, fol. 55 r° à 56 r°.

Raconter vueil une aventure
Par joië et par envoiseüre ;
Ele n'est pas vilaine à dire,
Mais moz por la gent faire rire.
Il avint, lonc tans a passé,
C'uns vilains avoit amassé
Grant avoir et grant norreture,
Quar molt avoit large pasture.
Delez .I. bois où il manoit,
Asez de terres i avoit ;
N'i repairoient gaire gent.
Une fille ot de bel cors gent,
Qui molt estoit mignote et bele.
Ne voloit oïr la pucele
De foutre parler à nul fuer,
Qu'ele n'en eüst mal au cuer,
Com s'el eüst vomite prise ;
N'il ne tenoit en son servise
Li vilains nul home vivant,
Quar sa fille aloit estrivant

Tant que cil chachiez en estoit,
Qui de foutre parler savoit,
Ne tenoit covenant ne foiz :
Aler les en fist maintes foiz.
Il n'est nus qui ne prengne some
As joenes genz, ce est la some,
Et c'est à toz .I. molt doz mot.
El monde n'a sote ne sot,
Ne vielle de .IIII^{xx}. anz,
Qui ne soit durement joianz,
Quant el en oit .I. sol mot dire,
Au meins l'en estuet il à rire.
  Ainsi cil nul sergant n'avoit,
Qui de quanqu'il onques savoit,
Faisoit son bon à la meschine.
Cil qui savoient son covine,
Se gaboient communement,
Et trestuit li autre ensement,
Tant c'uns clercs parler en oï,
Qui durement s'en esjoï,
Et dit par l'ame de son pere
Qu'il velt ore que il i pere,
Se il set or mais point de guile.
  Arroment se part de la vile,
Une coife a mis en sa teste :
Vint au vilein qui molt fu beste ;
Salué l'a, et cil li rent
Son salu debonairement :
« Sire, ge vos di à estrous, »
Fait cil qui vistes est et proz,

« Que bien ai alé entretant :
N'avez encore nul serjant
Qui soit avuec vos qui vos serve ;
Si quit que vos i aiez perte,
Vez me ci, si me retenez.
— Vos estes molt bien assenez, »
Fait li vilains, « se Dieus me gart,
Et vos estes de bone part.
Se volez volentiers servir,
Et vostre loier deservir,
Du mien vos donrai bonement ;
Et si vos metrai en couvent
Que, se vos parliez de foutre,
Et cest mot deïssiez tot outre,
Fors iriez isnel le pas,
Ne vos garantiroie pas :
Quar ma fille, com el l'oit dire,
Si pleure de doleur et d'ire ;
Quar ele dit que mal li fait,
Quant en parole de tel fait.
Se de moi volez riens avoir
Ne o moi estre en mon voloir,
Orendroit me fiancerez
Que ja .i. mot n'en parlerez.
— Sire, c'est il bien avenant,
Et ge vos met en covenant, »
Fait se li clers ; « se Dieus me saut,
N'en parlerai n'en bas n'en haut. »
Molt par estoit bien enseigniez :
.III. foiz est hautement seigniez,

Lors a dit : « Dieus me beneïe,
Il m'est vis que ce soit folie.
En est, dites, sire, sanz faille ?
Don est foutre non à deable ?
Et vos, si me ramentevez,
Et si vos di, g'en sui grevez,
Quant ici est amenteüz :
Toz dis fust mais par moi teüz,
Molt me fait mal quant en parole. »
La pucele entent la parole ;
Molt isnelement avant saut,
Et dist : « Sire, se Dieus me saut,
Icil vallez est retenuz,
Que bien soit il ore venuz.
Cist n'a mie fait lonc marchié,
Tost l'aurion nos rechangié :
Ge dirai que .x. sous avra. »
Et cist dist laborer savra,
Batre et vener et bien hoer ;
En la fin s'en porroit loer,
Onques mais n'orent serjant tel.
Ainsinc est remés en l'ostel,
N'i ot noient plus de groucier,
Ainsinc remest trusqu'au coschier.

   Li vilains sa fille en apele,
Si li a dit : « Ma damoisele,
Faites à cel vallet .i. lit,
Que il est tans d'aler gesir,
Là de defors en cele granche. »
La damoisele qui fu franche,

Et qui cuida auques savoir,
Li dist : « Sire, volez savoir ?
Ge ai assez lit à nos deus :
Poor avroit se il ert seus. »
Li clers l'oit, forment s'en envoise,
Mais sanblant fait que il en poise,
Et dit : « Ge n'i coucherai pas :
Or m'est avis que ce soit gas ;
S'estiez avuec moi couchie,
Tost me querriez vilenie :
Mielz vueil en la granche gesir,
Ne ferai pas vostre plaisir ;
N'a mestier que me faciez honte.
— Ice, » fait ele, « rien ne monte ;
Ge ne vos querrai se bien non,
N'en soiez ja en soupeçon. »
Mais sachiez que molt li plaisoit
Ce que cil s'en escondisoit,
S'il i couche ne li soit grief.
Et ele li dist de rechief :
« Amis doz, or n'aiez paor,
O moi coucheroiz à sejor.
— Par foi, » fait il, « ge n'en puis mais ;
Alons couchier, je sui toz près. »
Isnelement se deschaucerent,
Enbedui en .i. lit coucherent,
Estainte fu tost la lumiere ;
Et li vilains, com une biere,
S'i recoucha de l'autre part.
   A poi li clers d'angoise n'art

Por la pucele que il sent.
Si atant fait de hardement,
Sor ses mameles mist sa mein :
« Qu'est ce, » fist il, « par seint Germain ? »
La pucele sanz contredit
Li dist : « Frere, se Deus m'aïst,
Ce sont .II. coilles de mouton,
Neant certes ne vos menton, »
Fait ele, « qui pendent iqui. »
Et cil sa mein aval guenchi,
Si li a mis sor le nombril :
« Qui est ce ci, bele ? » fait il.
— Sire, par foi, c'est .I. noel
Où ge me geu quant il m'est bel. »
Puis li mist sa mein sor le con :
« Qu'est ce, » fait il, « par seint Simon ?
— Sire, par foi, c'est ma fontaine,
Qui toz jors sort et ja n'ert pleine. »
.I. petit aval sa mein trait
Vers le treu dont la porte brait :
« Que est ce ci, bele, » fait il,
« Qui est enprès le fontenil ? »
La pucele rien ne li cele :
« C'est li cornerres, voir, » fait ele,
« Qui ainsi garde ma fontaine ;
Sovent de corner pert l'aleine,
Seürement gel vos pramet. »
Cil sor le panil sa mein met,
Sel senti creü et barbé :
« Et qu'est ce ci, por amor Dé ?

— Par foi, » fait ele, « c'est .i. bos
Dont li mur sont trés bien enclos
De ma fonteine tot entor,
N'i a autre mur n'autre tor.
« Sire, » fait el, « or recovient
Que vos façoiz .i. poi de bien ;
Ne soiez pas desconfortez
Se requier ce que vos avez. »
Sor le ventre sa mein li lance,
Et puis aval molt s'en avance ;
Par le vit engorgié et roide
Le prist tantost à sa mein froide :
« Que est ice ? » fait la meschine,
« Qui ci s'en vait. A il mecine ?
Il est plus roides que .i. pel,
Ainz mais chose ne senti tel.
— Bele, » fait il, « c'est mon cheval. »
El atrait sa mein contreval,
De sor le vit qui molt fu lons ;
Si a trouvé les deus coillons,
Si li a demandé que c'est.
Et cil de respondre fu prest :
« Ce sont, » fait il, « dui mareschal
Qui ci me gardent mon cheval,
Et por ce que il est braidis,
Sont aproschié de lui toz dis,
Et par aus maine grant efforz.
— Vostre cheval qui si est forz,
Dites moi, » fait el, « qu'i mengue ?
Vorroit il aveine batue ? »

Fait cil : « Aveine n'a foison,
Il ne menjue se char non;
Il ne fu onques soolez,
Si en est auques adolez.
Si a tel soif que il se muert,
Esgardez com il se detuert;
Il baaille de fine angoisse,
A poi que li cous ne li froisse,
A bien poi qu'il n'en pert l'aleine.
— Beveroit il à ma fontaine, »
Fait ele, « se ge li metoie ?
— Oïl, » fait il, « se Dieus me voie ;
Mais li corneres grouceroit.
— Par foi, » fait ele, « non feroit,
Et, se il groce por nul mal,
Si soient prest li mareschal :
Si le batent errant molt bien
Se il grouce de nule rien. »
Abevré l'a, à l'ainz qu'il pot,
Mais li corneres n'en dit mot,
Et il fu bien batuz toz dis
Et des mareschauz molt laidis.

   Par cest essanple monstrer vueil
Que femes n'aient point d'orgueil
De foutre pâller hautement,
Quant il foutent tot igalment.
Mieldres raison est que se haucent :
Teus en parolent qui l'essaucent,
Quar molt a entre faire et dire ;
Mais li cus plus que corde tire.

Por la fille au vilain le di,
Qui tantost si se converti,
Que le poulain au bacheler
Fist à sa fontaine abevrer.

Explicit de la Pucele qui abevra le polein.

CVIII

DE LA PUCELLE

QUI VOULOIT VOLER

Paris, Bibl. nat., Mss. fr. 1593, fol. 184 r° à 185 r°,
et 25545, fol. 5 r° à 5 v°; Bibl. de Berne,
Mss. 354, fol. 43 r° à 44 r°.

D'une pucele dire voil,
Que onques ne virent mi oil
Si bele riens com ele estoit.
De grant biauté le los avoit;
De riches clers et d'escuiers,
De borgois et des chevaliers
Estoit toutes heures requise,
Mès ne voloit en nule guise
De nul la proiere escouter.
.I. jor dist que voloit voler
Volentiers par mi l'air lasus
Ausi comme fist Dedalus.
Sachiez que mout des gens l'oïrent,
Et qui mout fort s'en esbahirent.
.I. clers li dist : « Ce ne vaut rien,
Damoisele, je vos di bien,
Il vos covendra acesmer
Autrement, se volez voler,
Qu'eles vos covendra avoir
Et queue, je vos di por voir,

Que nus oyseaus sans ce ne vole.
— Je creant bien cestes parole, »
Dit la pucele, « et si le croi.
Quant sera ce? dites le moi.
— Dame, » dit li clers, « tot prest sui ;
Se vos comandez encor hui,
Vos quit je fere plus biau bec
Et mieus assis que nule espec ;
Plus bele queue vos ferai
Que nus paons, ja ni faudrai. »
   Atant en une chambre entrerent,
Et l'uis seur eus mout bien fremerent.
Li clers en .I. lit la coucha,
Plus de .xxx. foiz la baisa ;
Et ele demande que c'estoit,
Et il dit que bec li fesoit :
« Fet on dont bec en tel maniere?
— Oïl ; tornez vos par darriere,
Car la queue vos en ferai.
— Dans clers, » dit ele, « je ferai
Tot ce que vos m'enseignerez,
Mès gardez que vos ne foulliez. »
Ele se met a recoillons ;
Il li embat jusqu'as coillons
Le vit ou con sanz contredit.
Et la damoisele li dit
Et li demande ice que est ;
Il dit que la queue li met :
« Dans clers, » dit ele, « or esploitiez ;
Boutez parfont, si atachiez

Si fermement qu'ele ne chie :
Je serai si apareillie
Que de vos me departirai :
Je cuit que bien voler porrai. »
Et li clers boute jusqu'en l'angle,
Ne li chaut gueres de sa jangle.
Quant de li ot fet son talent,
Lez li s'asist cortoisement,
Et la damoisele lez lui :
« Dans clers, » dit ele, « ce n'iert hui
Toute ceste queue parfete?
Fetes la tost, car mout me hete. »
Et en la bouche et en la face
L'a baisé et li dit que face
La queue tost : « Se Deus me saut,
Du bec, des eles ne me chaut :
Je les metrai bien en respit. »
De la queue li prie et dit
Que il li face sanz demeure.
Li clers dit : « Se Deus me sequeure!
Que n'iert faite devant .I. an.
— Dans clers, » dit ele, « par saint Jehan!
Jamès de moi ne partirez
Devant que fete ne m'avrez. »
Au clerc plut mout ceste novele;
Il remest a la damoisele,
Et tant s'entremist chacun jor,
Petit et petit nuit et jor,
Tant i empainst, tant i bouta
Que la damoisele engroissa.

Lors dit : « Clers, vos m'avez gabée :
La queue m'est ou corps germée;
Je sai bien que je sui ençainte.
Malement m'avez or atainte,
Empiriée sui malement;
Pris ai mauvès amendement.
Coment porroie je voler?
A paine puis je mès aler. »
Li clers li dit : « Par saint Amant,
Vos m'alez à grant tort blamant.
Or par la foy que je vos doi,
N'iestes empiriée de moi :
Se grosse estes, ce est nature;
Mais ce estoit contre nature
Que par l'air voliez voler.
Folement vouliez ovrer :
Un poi estes apesantie. »
 En tel maniere fu servie
Cele dont vos poez oïr,
Et ce l'en dut bien avenir :
Qui outrage quiert, il li vient.
Por ce de ceste me souvient
Qui trop estoit desmesurée,
Et si li fu la queue entée,
Com vos ici avez oï
Du clerc qui mie ne failli;
Puis espousa la damoisele
A cui l'aventure fu bele.

Explicit.

CIX

DU

VILAIN DE BAILLUEL

[PAR JEAN DE BOVES]

Paris, Bibl. nat., Mss. fr. 837, fol. 242 v° à 243 r°,
et 12603, fol. 239 v° à 240 r° et 255 r° à 255 v°.
Bibl. de Berne, Mss. 354, fol. 102 v° à 103 v°.

S E fabliaus puet veritez estre,
Dont avint il, ce dist mon mestre,
C'uns vilains à Bailluel manoit.
Formenz et terres ahanoit :
N'estoit useriers ne changiere.
.I. jor, à eure de prangiere,
Vint en meson mult fameilleus :
Il estoit granz et merveilleus
Et maufez et de laide hure.
Sa fame n'avoit de lui cure,
Quar fols ert et de lait pelain,
Et cele amoit le chapelain.
S'avoit mis jor d'ensamble à estre
Le jor entre li et le prestre.
Bien avoit fet son appareil.
Ja ert li vins enz ou bareil,
Et si avoit le chapon cuit,
Et li gastiaus, si com je cuit,

Estoit couvers d'une touaille.
Ez vous le vilain qui baaille
Et de famine et de mesaise.
Cele li cort ouvrir la haise,
Contre lui est corant venue :
Mès n'eüst soing de sa venue ;
Mieus amast autrui recevoir.
Puis li dist por lui decevoir,
Si com cele qui sanz ressort
L'amast mieus enfouï que mort :
« Sire, » fet ele, « Dieus me saint !
Con vous voi or desfet et taint !
N'avez que les os et le cuir.
— Erme, j'ai tel fain que je muir, »
Fet il, « sont boilli li maton ?
— Morez certes, ce fetes mon ;
Jamès plus voir dire n'orrez :
Couchiez vous tost, quar vous morez.
Or m'est il mal, lasse chetive !
Après vous n'ai soing que je vive,
Puisque de moi vous dessamblez.
Sire, com vous estes emblez,
Vous devierez à cort terme.
— Gabez me vous, » fet il, « dame Erme ?
Je oi si bien no vache muire :
Je ne cuit mie que je muire,
Ainz porroie encore bien vivre.
— Sire, la mort qui vous enyvre
Vous taint si le cuer et encombre
Qu'il n'a mès en vous fort que l'ombre :

Par tens vous tornera au cuer.
— Couchiez me donques, bele suer, »
Fet il, « quant je sui si atains. »
   Cele se haste, ne puet ains,
De lui deçoivre par sa jangle.
D'une part li fist en .I. angle
.I. lit de fuerre et de pesas
Et de linceus de chanevas;
Puis le despoille, si le couche :
Les ieus li a clos et la bouche,
Puis se lest cheoir sor le cors :
« Frere, » dist ele, « tu es mors :
Dieus ait merci de la teue ame !
Que fera ta lasse de fame
Qui por toi s'ocirra de duel ? »
Li vilains gist souz le linçuel,
Qui entresait cuide mors estre ;
Et cele s'en va por le prestre
Qui mout fu viseuse et repointe.
De son vilain tout li acointe
Et entendre fet la folie.
Cil en fu liez et cele lie
De ce qu'ainsi est avenu :
Ensamble s'en sont revenu,
Tout conseillant de lor deduis.
   Lues que li prestres entre en l'uis
Commença à lire ses saumes,
Et la dame à batre ses paumes ;
Mès si se set faindre dame Erme
Qu'ainz de ses ieus ne cheï lerme ;

Envis le fet et tost le lesse,
Et li prestre fist corte lesse ;
N'avoit soing de commander l'ame.
Par le poing a prise la dame ;
D'une part vont en une açainte,
Desloïe l'a et desçainte :
Sor le fuerre noviau batu
Se sont andui entrabatu,
Cil adenz et cele souvine.
Li vilains vit tout le couvine,
Qui du linçuel ert acouvers,
Quar il tenoit ses ieus ouvers.
Si veoit bien l'estrain hocier,
Et vit le chapelain locier ;
Bien sot ce fu li chapelains :
« Ahï ! ahï ! » dist li vilains
Au prestre : « Filz à putain ors !
Certes, se je ne fusse mors,
Mar vous i fussiez embatuz,
Ainz hom ne fu si bien batuz
Com vous seriez ja, sire prestre.
— Amis, » fet il, « ce puet bien estre,
Et sachiez se vous fussiez vis
G'i venisse mout à envis,
Tant que l'ame vous fust ou cors ;
Mès de ce que vous estes mors,
Me doit il bien estre de mieus.
Gisiez vous cois, cloez vos ieus :
Nes devez mès tenir ouvers. »
Dont a cil ses ieus recouvers ;

Si se recommence à tesir,
Et li prestres fist son plesir
Sanz paor et sanz resoingnier.

Ce ne vous sai je tesmoingnier
S'il l'enfouïrent au matin ;
Mès li fabliaus dist en la fin
C'on doit por fol tenir celui
Qui mieus croit sa fame que lui.

Explicit du Vilain de Bailluel.

NOTES ET VARIANTES

DU QUATRIÈME VOLUME

Les mots marqués de l'astérisque sont des corrections faites aux manuscrits.

LXXXIX. — DU PRESTRE QU'ON PORTE, p. 1.

A. — Paris, Bibl. nat., Mss. fr., 1553, fol. 508 v° à 514 r°.
B. —   »   »   »   12603, fol. 256 r° à 262 v°.

Le sous-titre « La longue nuit » ne figure que dans le corps du texte au vers 1161.

Publié par Méon, IV, 20-56, et par Legrand d'Aussy (traduction et extraits), édition Renouard, IV, 275-284.

Vers 2. — torsié. B, *tourné.*
3 — B, *et en lecherie.*
4 — A, *Et en.* B, *En estre loi.*
11 — B, *Del mal.*
12 — graindre. A, *grande.*
16 — B, *Met .1. soir sa f.*
20 — B, *estranges terres.*
21 — A, *que ne vous deserte.*
24 — * ore. A, B, *or.*

25 — B, nès en songant.
27 — B, Lase or remanrai.
28 — a. B, ot.
38 — B, n'estoit pas maris.
39 — s'en. B, se.
40 — Ce vers manque dans A.
42 — B, Mais quant.
43 — B, l'acole.
45 — B, retourne.
47 — B, Par ou.
52 — B, mout poi.
53 — B, Ki n'a soing de son ju desfaire.
55 — B, en son.
57 — B, l'en maine.
58 — B, dist li vilaine.
60 — B, el baing.
62 — B, sans lonc.
63 — A, aisier.
68 — B, en vait.
74 — B, Car il s'est.
75 — B, Il cuidoit bien estre.
78 — B, agart.
79 — B, Ki de li vengier se devoit.
81 et 198 — k'il. A, ki.
84 — el. B. on.
88 — B, avoit fait.
93 — B, crie.
94 — le. B, cest.
100-101 — Remplacés dans B :

    Vous seriés mout mal menés,
    Se vous estiés chi tenus. »

105 — Ce vers est remplacé dans A par le suivant, qui vient après le vers 106 :

    Corechie, plainne d'irous.

107 — B, *Si l'uevre et.*
110 — devoit. A, *doit.*
112 — * grans. A, *plus grans.* — B, *Sire, c'est de chou vient eürs.*
114 — « vous » manque dans A. — Le vers manque à B.
115 — B, *M'ert avis et bien le savoie.*
118 — com. B, *que.*
119 — « et » manque dans A.
120 — ichi. B, *me chi.*
121 — A, *Je mangerai poi, hui* (vers faux).
129-131 — Remplacés dans B :

> Mais de chou fai me voir devin
> Qui onques n'i gousta de vin
> C'à son oeus au mien ensiant.

132 — A, *Ne.*
139 — B, *l'aime.*
140 — B, *Et coument vous est il, biaus sire.*
142 — « tous » manque dans A.
145 — B, *Li vif.* — vif. A, *vis.*
146 — mal. B, *mol.*
147 — me. B, *no.*
148 — la. B, *se.*
150 — B, *et ne mot.*
155 — k'il. B, *qui.*
158 — A, *si toute.*
159 — * areée. A, B, *arée.*
162 — * parlés. A, *parlé.* — B, *Et ne parlerés vous à moi.*
163 — B, *Biaus sires chiers.*
164 — B, *que responderés.*
167 — B, *et katele.*
169 — « tost » manque à B.

170 — B, *retantast.*
171 — B, *ceste.*
172 — B, *ki est.*
173 — B, *Li dist.*
180 — B, *Ha.*
184 — B, *esgardée.*
185 — B, *le dorveille.*
186 — A, *si entent.*
187 — B, *et perçoit.*
190 — En. A, *Et.*
191 — A, *son amint.*
192 — B, *K'eschou, sire, que puet chou estre.*
194 — ausi. A, *si.*
195 — cis. B, *nos.*
197 — il. B, *chi.*
200 — A, B, *or me crés.*
202 — home. B, *prestre.*
205 — B, *Pale et.*
206 — B, *sont el chief.*
207 — B, *Andoi li oeil, ce.* — « et » manque dans A.
208 — ni, lisez *ne.*
218 — A, *laissiele.* — B, *or laissiés chest.*
220 — B, *seroit bon.*
222 — B, *Chaiens avons av.*
223 — le. B, *cest.* — A, *en esle.* B, *ens es le.*
224 — el. B, *un.*
227 — le. B, *ne.*
228 — apriès. A, *aprisiès.*
229 — A, *mieudre.*
230 — savoir. A, *le voir.*
232 — B, *cele a dit.*
233 — B, *cuevrent.*
237 — ansi. B, *ausi.* — A, *si.*
238 — n'i. B, *ne.*

240 — est. B, *ert.*
244 et 305 — Si. A, *Se.*
247 — B, *de rendre.*
249 — A, *Cel.*
252 — B, *doit bien paier à.*
253 — A, *creüe.*
255 * — nos. A, *no.* B, *vos.*
257 — B, *avés.*
258 — B, *ferés or batre.*
266 — B, *J'en.*
267 — vous. B, *chou.*
268 — A, *q'ancore.*
272 — « car » manque dans A.
275 — « se » manque dans A. — B, *Se repourpense.*
277 — ki. B, *k'il.*
282 — B, *bien et voir.*
284 — B, *à sa cousine.*
288 — B, *estrainne.*
289 — fait. B, *veut.*
291 — si, lisez se.
293 — B, *hastéement.*
300 — B, *hosterent.*
301 — B, *Un.*
302 — B, *Et puis si alerent.*
304 — B, *Lues ke lés.*
307 — B, *Et je me sui.*
308 — A, *vo.*
310 — anchois. B, *premiers.*
314 — el. B, *un.*
316 — B, *Celi à batre lairai à vendre.*
318 — B, *Ha, sire.*
320 — B, *tenés.*
321 — B, *nou* (= *nel*) *ferai.*
324 — B, *Avoi.*

326 — B, *retenriés.*
328 — veul. B, *vi.*
329 — celi. B, *l'avaine.*
334 — B, *no grenier.*
337 — pesait. B, *pesarch.*
339 — B, *Vos.*
341 — B, *Mais.*
342 — B, *de rage.*
347 — n'en. B, *ne.*
348 — A, *enfient.*
353 — B, *cheüe.*
354 — B, *creüe.*
357 — et. A, *soit.*
358 — B, *itant de verté.*
359 — peüst. A, *puet.*
361-362 — Ces vers manquent dans A.
363 — A, *Car mes.*
366 — B, *Qui.*
369 — « et » manque dans A. — Ce vers et le suivant se lisent ainsi dans B :

> Que boin m'est, Dieu le vous puist rendre,
> Levée s'est sans plus atendre.

372 — B, *Et li a escole.*
373 — elle, lisez *ele.*
374 — A, *s'enn.*
380 — B, *Sans autre monseignor le priestres.*
381 — B, *Chiés un no voisin, je di voir.*
382 — nous. A, *vous.*
383 — le. B, *li.*
386 — nel. B, *ne.*
387 — B, *Tost le traïssent.*
389 — B, *Et rechiurent.*
390 — L'enquierkierent, lisez *L'enquierkent.*

392 — B, *Ne riens ne firent plus fors tant.*
393 — B, *Qui.*
394 — B, *seürté.*
403 — le. A, *se.*
405 — B, *dist il.*
409 — A, *Que.*
411 — B, *de tant.*
418 — lisez *n'a mie.*
421 — c'or. B, *car.*
424 — B, *Quant en cest point querrés eür.*
431 — et. B, *a!*
433 — « bien » manque dans A.
435-436 — Ces deux vers manquent à B.
437 — Car. B, *Et.*
447 — B, *a fait mainte fies.*
448 — « par » manque dans A.
452 — B, *Ne ce n'est ne.*
453 — B, *Se nus nous en het ne.*
454 — B, *Car nous n'i avons nule coupe.*
456 — qu'an. B, *que.*
458 — « vous » manque à B.
459 — B, *Le gent.*
462 — B, *mal decheü.*
465 — B, *qui on.*
466 — ne. A, *de.*
467 — liu. B, *l'uis.*
468 — B, *de nouvel.*
472 — * a. A, *on.* B, *ont.*
474 — B, *ou il voit.*
475 — A, *paissans.*
476 — B, *ne lés ne lons.*
477 — en celée. B, *ensielée.*
481 — B, *coi.*
482 — A, *le prestre portoit.* B, *le prestre porte o soi.*

483 — B, *Est arestés lés le jument.*
486 — n'i. B, *li.*
487 — B, *Mais.*
488 — B, *Du.*
494 — B, *receuvre.*
496 — B, *ne truies de.*
497 — Car il. B, *Li vilains.*
501 — A, *iés entremis.*
503 — B, *Ke ensi le puissiés mener.*
505 — B, *vostre.*
510 — B, *ferir entoise.*
514 — B, *esbahir.*
515 — B, *grans cols.* — se. A, *le.*
516 — il. B, *cil.*
538 — n'en. B, *ne.*
540 — A, *auchuns.* — B, *païssant.*
541 — B, *cest meschief.*
542 — B, *de rechief.*
543 — se. B, *le.*
546 — une. B, *un viés* (chimentire, forme qui rime).
548 — enviers. B, *viers.*
552 — B, *Sient il doi.*
555 — B, *l'avoient.*
556 — B, *parchurent.*
557 — Corrigez *cuident,* qui est dans B.
562 — tout. B, *coi.*
564 — Ce vers manque à B.
569 — A, *k'illuec.*
574 — A, *quiert.*
578 — B, *K'il i claime le.*
580 — A, *son.*
581 — B, *nes chace.*
584 — u. B, *il.*
585 — à. B, *au.*

588 — A, *col gieté.*
589 — B, *que bacons.*
592 — B, *mout en haste.*
594 — avoit. B, *a.*
596 — « et » manque dans A.
599 — * gaains. A, *gaaing.* B, *gaing.*
600 — B, *Mais aidiés vous, sire compaing.*
603 — B, *n'avrés.*
604 — B, *dec eus et du frommage.*
605 — vous. B, *bien.*
606 — froit. B, *fort.*
608 — crume. B, *coste.*
611 — teus. A, *tel.*
613 — che. B, *cest.*
616 — Mon voeil. A, *Car.* — ore. B, *ja.*
617 — B, *avés.*
620 — muchiet. B, *glacié.*
621 — fors. B, *hors.*
622 — « en » manque à B.
623 — * sachiet. A, *hachiet.* B, *sachiés.*
625 — onques. B, *mais ains.*
626 — vous. B, *me.*
627 — tel. B, *cest.*
628 — me. B, *nous.*
629 — B, *Je.*
631 — B, *alés.*
635 — « mout » manque dans A.
640 — A, *les nos compaignons.*
644 — B, *ou il est.*
650 — B, *larrons.*
651 — B, *le m'avés aporté.*
658 — vesie. B, *vieiles.*
669 — B, *Dyable,* qui vaut mieux.
670 — tel. B, *cest.*

673 — B, *Que dedens no sac le meismes.*
675 — B, *Ne sai s'il est hom devenus.*
677 — B, *Dist.*
678 — B, *Avoi quel je vous.*
680 — A, *Mais se.* — B, *me creoit.*
681 — B, *feroie.*
684 — A, *Honis soit ki onques vous haï.*
687 — B, *En fol ju.*
688 — B, *me viaus.*
689 — B, *Sire, sire.*
690 — A, *Car grant mervelle nous.* B, *Mais grignor merveille.*
694 — *cui.* B, *quels.*
695 — A, *N'encore.*
697 — A, *alumé.* B, *allommés.*
698 — B, *que li vint.*
699 — B, *L'esgarde et le.*
700 — B, *est pis.*
703 — B, *desour.*
705 et 708 — *ostés.* B, *tolés.*
706 — B, *volés.*
709 — « *le* » manque dans A.
713 — B, *en rolle de pendus.*
714 — B, *entendus.*
721 — *trestout.* B, *andoi.*
723 — B, *entreclos.*
725 — *tel.* B, *grant.*
727 — A, *mulès.*
730 — *gaires.* B, *mie.*
733 — B, *eüssent.*
741 — B, *Jut .I. evesques.*
744 — A, *lor livrent.*
745 — *est.* B, *ert.*
749 — *larges.* B, *cuir grans.*

751 — B, *fort vin.*
752 — ses. B, *son.*
753 — B, *volenté faite.*
754 — traites. B, *faites.*
755 — B, *s'en va.*
756 — B, *d'autrui.*
758 — B, *du salé.*
759 — B, *mout mieus d'un.*
760 — A, *ki che.*
761 — B, *Li sousboires.*
763 — B, *De lors fors vins plains lor bareus.*
764 — B, *Lor voeil les buissent.*
765 — eut. B, *ont.*
766 — B, *s'em part.*
767 — B, *quint o soi.*
768 — B, *qui aidié ont soi.* — A, *soief.*
771 — Trestout, corrigez *Tout*, d'après B. — B, *s'en.*
774 — B, *C'ert li ostés tout.*
776 — de. B, *du.*
778 — B, *l'oste.*
781 — lie. B, *bele.*
784 — B, *a dit*, qui est meilleur comme rime.
787 — B, *se vient.*
788 — * son. A, B, *ses.*
789 — B, *Que il soit le.*
794 — B, *Mout est chains.*
795 — A, *chou dist li.*
798 — B, *qu'il nous.*
799 — A, *Chascuns viande.*
800 — « tost » manque à B.
803 — B, *d'onnor apris.*
806 — B, *nès à.*
807 — B, *Ne querrons nous autre viandes.* — A, *viandes.*
808 — B, *demandes.*

809 — A, *qui puist*. — *tel*. B, *ces*.
810 — *et*. B, *ne*.
812 — B, *Que el mont n'a meillor daintiet*.
814 — B, *Seignor, si en arés à fuison*.
815 — « vous » manque à B.
824 — B, *U c'est farie au mains*.
827 — B, *De mule*.
830 — A, B, *senstu*.
832 — « il » manque à B.
834 — B, *On*.
835 — B, *Que je ai ci*.
836 — B, *apendant*.
837 — B, *C'ainc en le*.
839 — B, *Non là, non voir*.
840 — B, *que seroit ce donques*.
841 — A, *I sent*. — B, *son brach, ses piés*.
842 — « il » manque dans A et B.
843 — B, *plus de cent*.
845 — « nus » manque dans A.
852 — *me*. B, *m'en*.
853 — A, *dusques à*.
856 — B, *Et s'elles ne sont bien salées*. — A, *salée*.
863 — A, *si bien estoient fait*. — B, *qui estoient bien fait*.
864 — B, *Lors se coucerent tout à fait*.
865 — B, *endormis*.
866 — « grant » manque à B.
868 — A, *Por esgardé*.
872 — B, *ce dist*.
874 — « mie » manque à B.
877 — *loiiés*. B, *laciés*.
879 — B, *ne retient*.
880 — A, *Il l'enkierke*. — B, *Cil leur enkierque et si avient*.

885 — B, s'ert.
887 — B, k'il vint
890 — B, voidie.
891 — voit. B, vit.
893 — le. B, les.
895 — à l'huis droit.
897 — à le. B, en le.
903 — « mout » manque à B.
905 — B, Le huce.
906 — A, commencha.
907 — B, a illuec.
911 — « le » manque dans A.
912 — « mout » manque dans A.
914 — couars. B, jovenes.
918 — A, Lor.
919 — B, S'a reconnut à.
921 — A, B, prestres.
922 — A, vous amasse. — B, Amaisse vous fuissiés à vostre estre.
925 — A, a chi aporté. B, a aporté.
935 — « vous » manque dans A. — B, par tant.
937 — B, que no huche.
940 — n'i. B, ne.
941 — « or » manque à B.
943 — A, ne n'en.
944 — B, Descant alés vous à le brune.
945 — A, cuidiés. — B, fuissiés teuls.
946 — B, De respondre iestes tous honteus.
947 — B, Et a che l'ai.
950 — ce. B, cest.
953 — « il » manque à B.
956 — pas. B, mie.
961 — « nul » manque à B. — si. B, s'il.
962 — B, Qu'il ne.

964 — B, *Que il n'ert pas.*
968 — ke. B, *le*. — A, *l'airai mort.*
969 — B, *qu'ichi.*
972 — Corrigez *vuel je,* d'après B.
973 — B, *n'ai.*
974 — a. B, *l'a.*
976 — Que. A, *Qui*. B, *Qu'il.*
977 — B, *Plains d'anui et de pourveance.*
981 — de. A, *le.*
982 — sa targe. A, *uisage.*
983 — A, *entent.*
986 — B, *fu bien.*
994 — k'i. B, *qu'il.*
997 — B, *nul em poés.*
999 — A, *Car diès.*
1000 — B, *n'est soulas ne delis.*
1002 — ors. A, *mais.* B, *hors.* — B, *gaignons.*
1003 — B, *le vous di.*
1004 — B, *li evesques.*
1005 — A, *j'ai jou.* — B, *De tels compaignons n'ai je cure.*
1006 — pas. B, *mie.*
1010 — B, *C'on em puet.*
1011 — B, *un mais.*
1012 — A, *seras.* — B, *cosés.*
1014 — B, *et le pora faire.*
1016 — cel. B, *cest.*
1017 — B, *ce qu'il.*
1018 — A, *garde.*
1019 — B, *il fist ce qu'il li convint.*
1022 — les piés. A, *le lit.*
1024 — vive. B, *vie.*
1025 — B, *s'en va.*
1027 — B, *Che que li vesques.*

1028 — B, *s'eveila.*
1029 — B, *s'en est partis.*
1033 — A, *Sen son piet et si.*
1043 — B, *vilain martin.*
1047 — A, *por.*
1049 — A, *ose.*
1051 — « et » manque dans A.
1059 — ni. B, *ne.*
1060 — Ce vers manque à B.
1061 — B, *tanteste.*
1064 — B, *Dont n'esse pas.*
1066 — B, *qui.*
1067 — B, *Dehait hait.*
1068 — B, *les gens.*
1069 — « Et » manque à B.
1073 — B, *Et au lit.*
1077 — A, *vesques.*
1082 — A, *autres.* — B, *que.*
1084 — « il » manque dans A.
1086 — B, *a trop.*
1087 — B, *se Dius.*
1089 — B, *et car.*
1090 — Ce vers manque dans A.
1091 — B, *et pour.*
1092 — ni. B, *ne.*
1096 — A, B, *fu.*
1097 — A, *Si.* B, *S'il.* — A, *ossassant.*
1098 — B, *Mès il est lor maistre.*
1099 — B, *Si ne li oserent sus.*
1105 — A, *S'est.*
1108 — A, B, *Se.* — haut. B, *grant.*
1109 — A, *si encombré.*
1112 — A, *qu'est.*
1115 — B, *descombrés du.* — A, *meshains.*

1116 — A, *prestres es bains.*
1119 — A, *chance.* — B, *l'en avint.*
1120 — « l'en » manque à B.
1121 — B, *qu'il.*
1124 — B, *et avers et dure.*
1127 — A, *Chascuns avint tele.*
1128 — B, *Qu'il en vint à.*
1130 — B, *et mort et.*
1131 — A, *tiegmois.* — B, *ces.*
1132 — B, *repris.*
1134 — B, *Et après en caï en paine.*
1139 — A, *cor.*
1140 — s'en. B, *se.*
1142 — mout haut. B, *de sauch.*
1145 — * l'eut. A, B, *eut.*
1146 — * se. A, *si.* B, *s'il.*
1147 — k'il. A, *ki.* — B, *boin sens.*
1149 — A, *del keste.*
1150 — B, *Et puis en acoupa le vesque.*
1154 — B, *Or vous ai je.*
1155 — A, *.I. roumanc.*
1157 — « en » manque dans A.
1158 — n'en. B, *ne.*
1161 — A, *Li rommans.*
1164 — A, *Chaitis est en cest siecle trovés.* B, *Fu chius fabliaus fais et trouvés.*

Le thème de ce fabliau, d'origine orientale, est bien connu ; nous l'avons déjà vu dans les *Trois Boçus* (I, 13-23), *Estourmi* (I, 198-219), et nous le retrouverons encore dans les deux versions du *Sacristain*. Il s'agit toujours du cadavre d'un prêtre ou d'un moine qu'on promène toute une nuit et qui cause mille mésaventures. Un conte russe, dont nous avons déjà parlé (III, 334-335), nous représente à peu près la même histoire (*Conte* 68e, p. 166), mais le prêtre est remplacé par un jeune homme dont la mort est imputée successivement à plusieurs personnes.

XC. — DE LA MALE HONTE, p. 41.

A. — Paris, Bibl. nat., Mss. fr., 2173, fol. 93 v° à 94 v°.
B. —   »   »   »   19152, fol. 62 v° à 63 r°.

Publié par Méon, III, 210-215.

Vers 1. — A, *et escoutez.*
2 — A, *Un fablé.*
4 — A, *avint.*
5 — A, B, *Qu'en.* — .I. rois. A, *us et drois.*
6 — A, *qu'il estoit rois.*
7 — .I. A, *li.*
10 — morust. A, *fu mors.*
11 — le. A, *li.*
12 — vit. A, *vint.*
14 — en. A, *si.*
19 — la. A, *loi.*
23 — A, *Qu'il li.*
28 — el. A, *le.*
29 — vient. A, *quiert.*
30 — Ce vers manque dans A.
31-32 — On lit dans A :

> Qu'il a trové le roi à Londre
> Aval desouz un pin en l'onbre.

32 — B, *Londres.*
46 — A, *prenent o.* B, *prenoit à.*
48 — A, *Tuit le.*
50 — « se » manque dans A.

FABL. IV.   30

54 — A, *il fina.*
63 — verra. A, *vendra.*
68 — recort, A, *courut.*
70 — A, *Là commence en.*
71 — tuit. A, *bien.*
72 — fait il. A, *sire.*
73 — A, *Vos raport.*
75 et 141 — a. A, *ot.*
79 — A, *Qui.*
83 — cil. A, *il.*
86 — A, *s'est si entr'aus tapiz.*
90 — A, *vers lui s'aïroit.*
91 — A, *offre.*
92 — Cil. A, *Si.*
97 — A, *fois.*
99 — A, *Et il.*
101 — A, *qu'i.*
102 — o. A, *la.*
105 — A, *preudome, « recevez ».*
110 — Ge. A, *Si.*
112 — si l'aiez. A, *et vos aiez.*
127-128 — Ces deux vers sont intervertis dans A.
132 — as hui. A, *avras.* — B, *maite.*
140 — A, *embat.*
142 — A, *Car.*
148 — * gaaignie. A, *deservie.* B, *gaaigniée.*
150 — Guillaume le Normand, l'auteur de cette pièce, nous est déjà connu par le fabliau du *Prestre et Alisor.* (II, 8-23).
158 — A, *Les a la honte pris en tache.*

Cette pièce, qui roule sur un malheureux jeu de mots, fait sans doute allusion au triste roi d'Angleterre, Jean Sans terre, auquel durant toute sa vie ne furent pas épargnées les humiliations.

Il existe deux autres versions de ce fabliau, l'une inédite dans le manuscrit de Berne, l'autre déjà publiée par Barbazan et Méon, et analysée par Legrand d'Aussy ; nous les donnerons plus tard.

XCI. — Du Clerc qui fu repus deriere l'escrin, p. 47.

A. — Paris, Bibl. nat., Mss. fr., 1446, fol. 171 r° à 172 r°.
B. — » Bibl. de l'Arsenal, Mss. 3524, fol. 100 v° à 101 v°.

Publié par Méon, *Nouveau Recueil*, I, 165-169, et par M. A. Scheler, *Dits et Contes de Baudouin et de Jean de Condé*, III, 197-201 ; et donné en extrait par Legrand d'Aussy, III, 265-266.

Vers 15 — A, *griée*.
42 — Lisez *vallès*.
57 — B, *Onques*.
65 — B, *C'est ce*.
68 — B, *avoi*.
78 — « là » manque à B.
98 — A, *Honni*.
106 — A, *Et sa mere*.
122 — B, *partirez*.

Les variétés de ce conte sont nombreuses ; les *Cent Nouvelles nouvelles* et Grécourt, entre autres, en offrent deux récits assez différents. Les *Contes russes* (III, 334-335) ont une histoire qui offre quelque analogie avec celle-ci (*Conte* 64e, p. 144) ; dans le conte slave, la femme et le mari sont complices.

XCII. — Du Provoire qui menga les meures, p. 53.

Publié par Barbazan à la suite de l'*Ordene de Chevalerie*, 161-167, par Méon, I, 95-99, et par Renouard dans Legrand d'Aussy, I, app. 26-27 ; Legrand d'Aussy en a donné un extrait, I, 298-300.

Vers 80 — * ving ; ms. *vig.*
Ce fabliau a eu une grande vogue au moyen âge ; il est cité dans les .II. *Bordeors ribauz* (I, 11), et une seconde version encore inédite (nous la donnerons dans un prochain volume) est écrite dans le ms. de Berne ; on le retrouve dans quelques recueils modernes.

XCIII. — DE BERENGIER AU LONC CUL, p. 57.

Publié par Barbazan, III, 254, et par Méon, IV, 287-295.

Vers 196 — Lisez *son mon cheval. Son* signifie *au sommet, sur.*

Voyez, pour une autre version, jusqu'ici inédite, de ce fabliau, le vol. III, 252-262 et 421-427.

XCIV. — DES TRESCES, p. 67.

Publié par Méon, IV, 393-406, et par Renouard dans Legrand d'Aussy, II, app. 18-22.

Vers 17 — * chevalier ; ms., *chevaliers.*
28 — Richaut est prise comme type de la courtisane ; une pièce du ms. de Berne porte son nom et a été publiée, très incorrectement, par Méon, *Nouveau Recueil*, I, 38-79.
38 — « molt » manque au ms.
69 — « faire » manque au ms.
88 — ms., *enesle pas.*
93 — * nule ; ms., *nul.*

94 — * i a; ms., y.
113 — * qu'ele; ms., que.
126 — * aus; ms., au.
130 — « Et » manque au ms.
157 — * On lit dans le ms. :

    Li vallez qui ot pris la feme.

160 — * enging; ms., engig.
184 — * pesante; ms., pesant.
193 — * fors; ms., for.
215 — * ne à; ms., n'à.
263 — « s'en » manque au ms.
292 — * cui li pecheor; ms., qui li pecher.
304 — * seinte; ms., seint.
315 — * tieng; ms., tieg.
316 — * al mains; ms., as mains.
325 — * *Si li*; ms., *S'il*.
336 — * n'alissoiz; ms., n'alissoit.
347 — * dites; ms., dite.
351 — * Dieus; ms., Dieu.
394 — * il ne; ms., ne.
403 — ms., *isnele pas*.
408 — * Dieu; ms., Dieus.
416 — La « *sainte larme* que N. S. pleura sur le Lazare » était honorée au monastère de la Sainte Trinité, de Vendôme, ou la légende prétendait qu'elle avait été apportée.
418 — * veüe; ms., veü.

Cette nouvelle, d'origine orientale (Cf. M. Landau, *Die Quellen des Decamerone*, 44), a une seconde version publiée par Méon, *Nouveau Recueil*, I, 343-352. Cette version est celle qu'a traduite Legrand d'Aussy (II, 340-346). Les imitations modernes sont nombreuses; citons

Boccace (*Journ.* III, *nouv.* II, et *Journ.* VII, *nouv.* VIII), Malespini et aussi La Fontaine dans son conte du *Muletier*.

XCV. — Le Vilain de Farbu, p. 82.

A. — Paris, Bibl. nat., Mss. fr., 2168, fol. 45 r° à 45 v°.
B. — Bibl. de Berne, Mss. 354, fol. 10 v° à 11 v°.

Donné en extrait par Legrand d'Aussy, IV, 237-238.

Vers 2 — Farbus est une petite commune de l'Artois, à quelques kilomètres d'Arras.
3 — B, S'en.
5 — por. B, à.
8 — B, .II. deniers.
11-12 — B :

>Çaus li lia en son rigot,
>Bien li a conté son escot.

13 — B, *que il s'en voise*.
15 — en. B, *et*.
16 — au. B, *en*.
17 — B, *C'iert*.
18 — B, *Tantost*. — B, *de son*.
20 — B, *Avec lui en moinne*.
21 — B, *Son fil por ce que il*.
23 — B, *Ot .I. chaufer gité .I. fevres*.
24 — B, *fous et por les chalevres*.
25 — i. B, *en*.
27-28 — B :

>Robin son fil prendre lo rueve,
>« Quar fers », ce dit, « est bone trueve. »

30 et 94 — B, *crache*.
31-32 — Ces vers manquent à B.

34 — B, *Dont n'a.*
35 — B, *Car il ne lo vialt mie prendre.*
37 — B, *Li dist : « Por coi ne l'as tu pris.*
38 — B, *Sire il est toz.*
39 et 76 — « vous » manque à B.
41-42 — B :

>A ce que je crachai desore
>Et il boli enz ens (sic) l'ore.

43 — B, *Sociel n'a fer, se on.* — Mettez à la fin du vers une virgule au lieu du point et virgule.
44 — B, *soit chauz que il.*
45 — B, *A ce le poez bien.*
48-52 — B :

>Car j'ai maintes foiées pris
>Tel chose à la main et au doit,
>Sanz essaier qui m'eschaudoit ;
>Mais une autre fois, se je sai,
>Voudré essaier son essai.

54 — B, *Où l'on.* — B, *et .I. et el.*
56 — B, *qui fu bons.*
57 — lues. B, *lors.* — voloit. A, *voliot.*
59 — trouvé. B, *esmé.*
61 — B, *Ont despendu à cel disner.*
62 — B, *ot à.*
65 — B, *Doillet, mal fait et.*
68 — B, *de la porte.*
71 — B, *la cort li.*
72-74 — B :

>De l'autre sanblant ne fait oevre ;
>Si dist lors : « O est mes gastiaus,
>Barbeoire d'arbalestiaus ? »

73 — * n'arbalestiaus. A, *ni arbalestiaus.*
79 — B, *O haster a mise.*

81 — B, *De l'atorner se haste mout.*
83 — B, *Et li vilains forment s'orguelle.*
84 — B, « *Dreciez moi,* » *fait il,* « *m'escuelle* ».
85 — B, *La parfonde où je seul.*
86 — B, *Je ne la quier.*
87 — B, *Car.* — Corrigez *je ai.*

88 — huvée. B, *ovrée.*
90 — louce. B, *cuillier.*
91 — B, *à cui l'en.*
92 — « Mais » manque à B. — B, *com il.*
96 — B, *Li morteriaus pas ne fremist.*
98 — bée. B, *bea.*
99 — * jete ens. A, *jetens.* — B, *gita enz tot de.*
101 — B, *Dont vilains mès.*
103 — B, *Engolée avoir.*
104 — * langue acrapie. A, *langacrapie.* B, *langue agrapie.*
105 — B, *Et si la gargate.*
106 — B, *Et si remise et si fa[r]dée.*
107 — B, *puet crachie[r] ne.*
108 — B, *est avis que il.*
111 — B, *que vos ne vos.*
112 — B, *puant mestre.*
113 — B, *Si sui je par toi.*
114-117 — B :

> Que la langue me sui brulez ;
> Quant je te crui, mout fui musars !
> Dedenz la guele me sui ars
> Et tot ai le vis essouflé.

118 — B, *Et por coi n'avez vos.*
119 — B, *Fait Robins,* « *si fussiez toz sains.*
122 — B, *en ovrai.*
123 — B, *Je crachai sus por lo.*

124 — sus ma. B, *sor la*.
125-127 — B :

> Fait li vilains, « si me sui cuiz.
> — En non Dieu, sire », fait ses fiz,
> « Se vos m'estes plus fous que nus.

130 — B, *siecle atornez*.
131 — B, *Que li fiz conchie*.
132 — n'ert. B, *n'est*. — jors. A, *jous*. — B, *que il n'apere*.
134 — B, *Plus sont mès*.
135 — B, *soient li viel*.

Ce fabliau, inédit et connu jusqu'ici seulement par l'analyse de Legrand d'Aussy, a été utilisé par Henri Estienne dans son *Apologie pour Hérodote*.

XCVI. — Estula, p. 87.

A. — Paris, Bibl. nat., Mss. fr., 837, fol. 227 v° à 228 v°.
B. —   »   »   » 19152, fol. 51 r° à 51 v°.
C. — Bibl. de Berne, Mss. 354, fol. 116 r° à 117 r°.

Publié par Barbazan, III, 60, et par Méon, III, 393-397 ; et analysé par Legrand d'Aussy, III, 376-379.
Ce fabliau prote par erreur dans le ms. B le titre de « Del Convoiteus et de l'Envieus », applicable à la pièce suivante, œuvre de Jean de Boves.

Vers 1 — B, *Il se furent*. C, *Il furent*.
2 — B, C, *Sans soulaz*.
3 — B, C, *Et sans toute autre*.
4 — fu bien. B, C, *ert mout*.
5 — B, *Qui toz jors est en*. C, *En tot l'anz ert [en]*.
6 — B, *Ce est*.

8 — B, *si greveus mehainz.* C, *si trés grevous maus.*
9 — B, C, *A escot.* — B, *vivoient.* C, *manjoient.*
10 — vous doi. C, *dui.*
12 — B, C, *De fain et de soi.*
13 — maus. B, *mès.* — tient. C, *vient.*
15 — B, C, *Lors se prenent à porpenser.*
17 — povreté. B, C, *famine.* — apresse. B, *gerroie.* C, *engoisse.*
18 — B, C, *En famine à mout grant.* — B, *desroi[e].* C, *engoisse.*
19 — B, C, *.I. riches hom mout.* — B, *renomez.* C, *asazez.*
20 — B, C, *Manoit assez près de lor més.*
21 — B, C, *S'il fust povres.* — B, *se il fust fols.* C, *il fust des fous.*
23 — l'estable. B, *son bergil.* C, *son bercil.*
28 — B, C, *Par .i. sentier saillent.* — B, *du plain.* C, *au plain.*
29 — B, C, *El cortil est li uns.* — B, *sailliz.* C, *s'asiet.*
30 — B, *Qui qu'en poist ne qui qu'il enuit.* C, *Qui que il poist ne cui il griet.*
31 — B, *trenchent.* C, *tranche.*
32 — C, *près do bercil.*
33 — C, *tant que il l'ovre.*
34 — B, C, *Lors li sanble que bien vient l'oevre.*
36 — C, *encor adonc.*
37 — B, *En la maison si qu'il oï.*
38 — B, *tant qu'il ovri.*
39 — B, C, *Li vileins apele.*
40 — B, C, « *Va,* » *fait il.* — B, « *dedenz le cortil.* C, « *oïr au bercil.* »
41-44 — Ces quatre vers sont remplacés dans B :

S'apele le chien en maison. »
Estula li chiens ot à non.

et dans C :

> Si apele Estul' à maison. »
> Estula li chiens avoit non.

45 — B, *N'avoit meillor en nule cort.* — Ici comme dans A, il y a assonance, et non rime. — Ce vers et le suivant manquent dans C.

47 — C, *Et li vallet cele part va.*

48 — B, *Si hucha son chien.* — C, *S'apele Estula.*

50 — B, *« Par foi.*

52 — B, *Si que cil nel pot percevoir.*

53 — B, C, *là li respondi.*

54 — B, C, *Mais en son cuer.* — B, *pensa de fi.* C, *de voir cuidoit* (ne rime pas).

55 — B, *l'eüst.*

56 — B, *N'a plus ilueques.* C, *N'i a plus iluec*

57-58 — Remplacés dans B :

> Mais en maison s'en vient le cors,
> Pasmez dut estre de poors.

et dans C :

> Mais arrieres est retornez ;
> De paor dut estre pasmez.

61 — B, *Nostre chien.*

62 — B, *Qui? Estula?*

64 — errant. B, C, *ja.*

65 — C, *Li vilains.*

67 — B, *Si huche Estula à.* C, *Si ap[ele] Estula*

68 — B, C, *ne se.*

69 — B, C, *Respont.*

71 — B, C, *« Beaus filz, par esperites saintes. »*

72 — B, C, *J'ai oï aventures maintes.*

73 — B, *sa pareille.* — C, *Ainz à ceste n'oï paroille.*

74 — B, C, *la merveille.*

76 — B, C, *Si li.*
79 — C, *à l'ostel à.*
80 — C, *à estre.*
81 — B, *Ainz vint chiés le provoire errant.* C, *Ainz s'an vient au prestre tot droit.*
82 — *dist il.* B, *par Dieu.* — C, *Si li dist : « Venez orandroit. »*
83 — C, *Oïr en maison la merveille.*
84 — C, *sa paroille.*
86 — B, C, *Li prestres dist : « Ge te quit fol.* (« te » manque à B.)
88 — B, C, *Deschauz sui.* — B, *si n'i puis aler.* C, *si ne puis aler.*
89 — C, *Et cil respont tot.*
91 — B, C, *s'estole.*
92 — C, *Et monte.*
93 — B, C, *cil s'en.* — B, *vait.*
94 — *là.* B, *vait.*
98 — B, C, *querre aloient.*
99 — B, *des chols aloit.* C, *aloit les chos.*
100 — B, C, *Vit le provoire.*
102 — B, C, *Si cuida ce fust.*
103 — B, C, *Si.*
104 — C, *Aportes rien?* — *Que se devoie.*
105 — C, *cuidoit.*
107 — B, *gete tost jus.* C, *gitiez lo jus.*
108 — *bien.* C, *toz.*
109 — B, C, *Jel.* — B, *esmorre.* C, *[es]modre.*
112 — B, *Quant li prestres ce.*
113-114 — Remplacés dans B :

> Sailli est jus du col celui
> Qui n'en est mie mains de lui
> Que cil qui n'est, s'en est foïz ;
> Le prestre est el santier sailliz.

et dans C :

> Sailliz est jus del col celui
> Qu'il nen ot mie mains de lui,
> Qui tot maintenant s'an foï.
> Li prestes el santier sailli.

115 — B, C, *Mès ses.* — B, *soupliz i escota.* C, *sorpeliz atacha.*

116 — B, C, *Si qu'il li laissa.*

117 — n'i osa. B, *ne li lust.*

119 — C, *ot les chos.*

121 — C, *Et cil.* — B, C, *fuioient.*

122 — B, C, *Qu'il ne.* — C, *savoient.* — B, *qui i estoient.* C, *qui il estoient.*

123 — B, *s'ala il.* C, *si ala.*

125 — B, *Si sost.* C, *Si saut.*

126 — est. B, *fors.* — C, *Et ses freres est fors.*

131 — B, *Ainz n'i voudrent lonc conte.* C, *Iluec n'osent lonc sejor.*

132 — B, C, *Einçois se.* — B, *mistrent el.* C, *mestent au.*

133 — B, *près lor est.* — C, *Vers l'ostel qui estoit bien près.*

135 — B, C, *Qu'il gaaigna lor soupeliz.* — « lor » manque à B. — Ce vers et le suivant sont intervertis dans B.

136 — B, C, *S'en ont.*

137 — fu. B, C, *est.*

138 — fu. B, C, *ert.*

141 — soir. B, *mein.* — Ce vers et le suivant manquent à C.

142 — main. B, *soir.*

Cette histoire, que Paul-Louis Courier s'est appropriée, existe aussi dans Bonaventure Desperriers; une partie de l'aventure est reproduite dans les *Contes de la*

Reine de Navarre (*nouv.* 34). Le sieur d'Ouville et Imbert l'ont imitée depuis.

XCVII. — De Barat et Haimet, p. 93.

A. — Paris, Bibl. nat., Mss. fr., 837, fol. 51 r° à 54 r°.
B. — » » » 19152, fol. 52 r° à 54 r°.
C. — Bibl. de Berne, Mss. 354, fol. 103 v° à 106 r°.

Le titre « Des trois larrons » ne se trouve que dans le ms. de Berne.

Publié par Méon, IV, 233-250, et traduit par Legrand d'Aussy, III, 269-279.

Vers 1 — B, *A ceste fable di, baron.*
3 — B, C, *ensemblé.*
5 — B, *As.* C, *Au.* — B, C, *et as.*
9 — B, C, *dui estoient frere.*
11 — B, *li derrains.* C, *darrian.*
13 — C, *Et Berart.*
14 — B, *Cil.*
15 — con. B, C, *que.*
16 — B, *en.* C, *s'an.* — B, C, *aloient.*
18 — C, *esgarde.*
19 — B, C, *Desor.*
20 — B, *Va dosoz.* — B, C, *s'agaite.*
21 — B, *il set trés bien et.* — C, *Tant qu'il voit bien et aperçoit.*
24 — B, C, *donc ne seroit bons.*
26 — B, C, *Si coiement.* — atout. C, *et jus.*
29 — B, C, *En tot le monde,* » fait.
30 — B, C, *Si est, certes.*
31 — B, *vueil esprover.*

32 — B, C, Ja si près. — B, ne savras. C, nes savra.
33 — C, à perdre.
35 — B, Plus ferm que laz ne ne fait crampe. C, Plus que ferin qui arme tranche.
36 — B, C, Tot coiement amont s'en rampe.
37 — se. C, s'en.
38 — B, Et vint au ni. C, Au ni s'en vient.
40 — B, Et puis descent jus, tout. C, Puis descent jus, trestot.
41-42 — Ces deux vers manquent à B et C.
43 — B, C, Ses compaignons les monstra lues.
44 — B, poez oes. C, poons heus.
45 — B, se vos avez du. C, se nos avions.
49 — B, C, Ge dirai que tot as passé.
50 — B, Ja voir mavais oef quassé. C, Ja voir n'i avra euef cassé.
51 — B, C, Fet il. — B, et si reseront mis. C, si i seront remis.
52 — C, se rest au chesne pris.
54 — B, n'en ala gueres. C, il ne fu gaires.
56 — Haimés, lisez Haimès. B, Barat.
57 — B, De cest mestier maistres. C, De tel mestier apris.
59 — C, Vint après lui.
60 — B, C, Onques.
61 — B, Quar il ne doutoit. C, Car il n'en cramoit. — B, C, home nul.
62 — B, Et cil si li emble. C, Et cil li enble jus. — B, C, du cul.
65 — Ce vers est précédé dans B du vers :

 Que la pie ne s'aperçut ;

Dans C :

 Ains la pie ne l'aperçut.

Les vers 66-68 sont alors remplacés dans B :

> Descendi arroment de l'arbre ;
> Qui donc veïst Travers et marbre,

Et dans C :

> Descendi maintenant de l'aubre ;
> Qui donc veïst Travers esmaure.

69 — por. B, C, *par.*
70 — puet. B, C, *sait.*
71 — C, *Si i a.*
72 — C, *Ez vos ja.* — B, *Et Haimet est lors.*
73 — dist il. B, *fait il.* C, *fait.* — C, *se il me senble.*
74 — C, *Que boens lerres estes ensanble.*
75 — B, *qui me puist ambler.* C, *qui vos puit senbler.*
76 — B, *Fait.* — d'embler. B, C, *enbler.*
77 — B, *je mout poi pris.* C, *mout pris petit.*
78 — B, *Que braies ne pues tu.* C, *Quant tu ne puez braies.*
79 — mauvesement. B, C, *mout malement.*
81 — B, *ge anblai l'autrier.* C, *l'autre jor enblé.*
82 — B, *Si me vienent.* C, *Si m'avienent.*
83 — issi sont il. B, *si en sont il.* C, *si sont lé et lonc.*
84 — quar. B, *or.*
85 — C, *Fait ses freres,* « si.
86 — B, C, *Et cil soulieve les.*
87 — B, C, *Mais des braies.*
89 — B, C, *Tot descovert et nu à nu.*
90 — B, *dit il,* « con.
91 — C, *Por les iauz bé.*
92 — B, *mie que ges aie.*
93 — Haimès fait : « Biaus compains Travers. C, *Haimet, biaus conpainz,* » dit Travers.
96 — qui. C, *c'à.*
99 — apris. C, *espris.*

101 — C, *eschaperez.*
102 — B, *Je me retrairai à ma.* C, *Je m'en retorré vers ma.*
103 — B, C, *Où ge ai.*
104 — « ore » manque à C. — ore en penssée. B, *golousée.*
107-108 — Ces deux vers manquent à B et C.
109 — B, *Ge.* C, *Ainz.* — B, C, *me sent tant fort et.*
110 — B, *Qu'assez.*
111 — B, C, *Se Dieu plaist dès or en avant.*
113 — B, C, *Ainsi.* — B, *se.*
115 — C, *Qu'i vint tot droit.*
116 — Où il. B, C, *Travers.* — n'estoit. C, *ne fu.*
118 — s'ert. B, *s'est.* — C, *Qui tote m'ont faite marrie.*
119-120 — Ces deux vers manquent à C.
120 — Si con. B, *Comme.*
121 — est. B, *fu.*
122 — par fu. B, C, *devint.*
124 — B, *Et tant conquist et amassa.* C, *Tant conquist et tant espargna.*
126 — B, *fist devant.* C, *ot devant.*
127 — B, *Qu'il ot norri.*
128 — B, *Encraissi l'ot en.* C, *Engraissié tote.*
130 — hart. B, *part.*
131 — B, C, *Au tref.*
132 — venist. C, *etust.*
134 — B, C, *Quar si con.*
135 — B, C, *.I. jor.*
136 — C, *En .I. boschet.* — B, *Au boschet ilueques delez.*
137 — des garas. C, *eschelaz.*
138 — C, *Estes vos Haimet.*

139 — B, *Venoient (de)*. — C, *Qui vienent droit devers Loon.*

140 — sa. B, C, *la*. — B, *Si asenent à la.*

141 — C, *La dame*. — B, C, *troverent.*

142 — B, C, *le siecle vont*. — B, *gabant.*

145 — B, *fist ele, « il est el bos*. — C, *el bois ala.*

146 — C, *Jehui matin qant il leva.*

150 — B, *remaint soler ne fusmailles.* C, *remet çoliers ne muçailles.*

151 — B, C, *A regarder.*

152 — Baras. B, *Haimet*. C, *Aimet*. — C, *bota.*

153 — B, *qu'entre*. — C, *.II. chevrons.*

154 — B, *Que panduz i fu*. C, *Que panduz estoit.*

155 — B, *« Certes, » dit Barat à*. C, *« Ahï, Barat, » ce dit.*

156 — B, C, *Bien voi qu'en grant.*

158 — B, *Mais il se fait.*

159 — et. B, C, *ou.*

162 — goustons. C, *aions*. — B, *Ne que anquenuit en menjons.*

163 — cel. B, C, *son (les deux fois).*

164 — B, C, *Mais si ferons.* — Après ce vers, deux autres sont ajoutés par B :

> Font il, « mais que bien li ennuit,
> Li enbleron nos enquenuit. »

et par C :

> Fait cil, « mais que bien li anuit,
> Car nos li emblerons anuit.

165 — B, C, *Atant s'en vont, s'ont pris.*

166 — B, C, *En une.*

167 — B, *S'a chascuns*. C, *S'ont chascuns.*

168 — B, *Et Travers repaire à l'ostel.*

169 — B, C, *Qui le jor n'ot gaires.*

173 — Quar. B, Que. — C, Sole estoie en ceste.
174 — B, Et il sistrent sor noz laiszon. C, Onque mais à nule faison.
175 — B, Si avoient laide. C, Ne vi si hideux de.
176 — B, C, Çaienz n'a. — B, riens n'aient. C, gaires de.
177 — C, des chambres soit forclose.
178 — no. B, C, le.
179-182 — Ces vers sont remplacés dans A :

> Et ceenz tout partout aloient
> N'il ne me distrent qu'il querroient.

180 — C, Bien ont la maison espiée.
181 — Que. C, Car.
183 — B, C, Ne je ne lor ai rien.
184 — que. B, qui. C, qu'il.
185 — B, C, Fait.
186 — B, C, Li bacons.
187 — jel. B, C, ce.
189 — B, C, Vendront encor ennuit.
190 — B, C, Le matin en seron sans huec.
192 — C, lo m'avoit or.
193 — si tempre. B, à lor oes. — C, Fait à lor eues si estoier.
194 — huer. C, hucer. — Ce vers et les neuf suivants (194-203) sont remplacés dans A :

> Se nous ne le poons garder :
> Mès soz ert li bacons à terre,
> Espoir nel savroient où querre. »
> Lors monte Travers cele part.

195 — C, ne l'alas.
196 — C, l'alons or.
199 — est. C, ert.
200 — C, savroient o.

201 — C, *nel sentiroie[nt]*.
204 — B, *Si li a copée*. C, *Si en a copée*.
205 — C, *à terre*. — Ce vers et les trois suivants sont remplacés dans A :

> Du bacon qu'est en haut penduz,
> Puis est à terre descenduz
> Aus piés du lit souz une met ;
> Là le mistrent quant ce ont fet.

206 — C, *ne sevent il plus*.
207 — C, *Mais iluec meïsmes*.
209 — B, C, *A grant doute*. — B, *se*.
212 — B, *S'ont tant à la paroit*. C, *Tant ont à la paroi hurté*.
213 — B, *Qu'un treu firent dessouz*. — Ce vers et les trois suivants manquent à C.
214 — B, *Dont l'en peüst traire*.
215 — B, *N'i demeurent*.
216 — B, *Ainz entrerent mout coiement*. — Après ce vers, B ajoute :

> Haimet mout bien lë croute cuevre,
> Qui ot esté sages de l'uevre.

217 — Puis. B, *Si*. — C, *Qu'il entrerent en*.
218 — B, C, *qui mout fu malvais hom*.
219 — B, *Et lerres envieus et*.
220 — B, *Ranpatant de banc*. — Ce vers et le précédent se lisent ainsi dans C :

> Et qui la gent veit soduiant,
> Va tan trés et chevrons ranpant.

221 — B, *droit au bracon*. C, *droit au chevron*.
223 — senti. B, C, *tasta*.
225 — B, C, *Dont li*.
226 — B, C, *Lors est*. — C, *jus cheüz*.

227 — B, *Si vait seoir joste.* C, *Seoir s'en reva lez.*
228 — B, *dist li le lere.*
229 — B, C, *Que il n'en.* — B, *a mie.* C, *i a point.*
230 — C, *Or oez del.*
231 — C, *Cuide lo il.*
232 — *feroit.* C, *a fait.*
234 — B, C, *esveillier.*
236 — B, C, *Sa fame commence à.* — B, *choser.* C, *panser.*
237 — *esclignie.* C, *endormie.* — Ce vers et le suivant sont remplacés dans A :

> « Marie », dist il, « douce amie,
> Por amor Dieu ne dormez mie !

239 — C, *n'est mie de.*
240 — B, *Et g'irai.* — Ce vers et les deux suivants manquent à C.
241 — B, *Savoir se ge troverai.*
242 — B, *Non ferai ge ça, »* dist la feme.
243 — B, C, *qui mout fu.* — Le ms. C, qui fait rimer ce vers avec le vers 239, supprime ainsi le vers 244. Le texte se continue dans C, après 243, en ajoutant deux vers :

> Si vint tot droit et eslaissié,
> Là où (en) ot lo bacon laissié.

245 — B, C, *Onques.* — C, *chauce chauciée.*
246 — B, C, *La met a.* — B, *.1. poi.* C, *amont.*
247 — *S'a.* C, *De.* — *le.* B, *son.*
248 — B, C, *Or cuide* [C, *cuident*] *bien avoir menti.* — Après ce vers, deux nouveaux vers sont ajoutés par B et par C :

> Et dit ce que [B, *que mq.*] estoient il.
> Adonc [B, Atant] s'en vait en son cortill.

249 — vint à. B, *trova.* C, *a trové.* — Ce vers et le suivant sont intervertis dans B et C.

250 — tint. B, C, *porte.* — C, *grant mace.*

253 — devers. B, *delez.*

255 — B, C, *li lerre fu de haut.*

256 — dist. B, C, *fait.*

257 — B, *diroie.* C, *jehirai.* — B, C, *une chose.*

258 — ne. C, *nel.*

259-266 — Ces vers manquent à B et C.

267 — ersoir. B, C, *ennuit.* — no. C, *lo.*

271 — mal. C, *bel.*

272 — Dont. B, *Où.* C, *Et.*

273 — B, *cel lesson.* C, *cel lincel.* — Ce vers et les trois suivants sont remplacés dans A :

> « Par foi », fet il, « vous dites voir,
> Et g'irai orendroit savoir.

275 — cil. C, *il.*

278 — C, *Puis vait là o la met l'atant.*

279-282 — Remplacés dans B et C :

> Au pié du lit où il escoute,
> Barat vient à lui, si le boute.

283 — B, C, *Si comme cil qui.* — B, *mout l'a.* C, *l'a mout.*

284 — B, C, *Et Travers.* — B, *s'est alez.* C, *se rala.*

285 — C, *Si a bien.* — A, *Qui bien trova ses ieus fermez.*

286 — C, « *Travers, bien estes.*

287 — B, C, *Fait sa fame,* « *chetis.*

288 — B, C, *Qui me* [C, *me mq.*] *demandiez.*

289 — nos. B, *mes.* C, *li.* — ert. B, *est.*

290 — B, *Mout estes or dessovenuz.* C, *Ainz mès nus hom si esperduz.*

291 — B, *hom en si pou.*
292 — « Quant. B, « *Suer.* — te. B, C, *me.* — Ouvrez les guillemets au commencement du vers.
293 — C, *Or tuit,* » *fait el(e).*
294 — C, *Nostre bascons.*
295 — B, *Fait cil,* « *jamès.* C, *Fait il,* « *jamais.*
296 — B, *nel ranble.*
297 — B, C, *Qu'il n'a millors.*
298 — B, *si les va[re]querre.* C, *Travers se lieve, et si va querre.*
299-300 — Ces deux vers manquent à B et C.
301 — B, C, *Qui mout ot la nuit.*
302 — B, C, *.I. sentier.* — B, *sait par.* C, *par mi.*
303 — B, C, *Les* [C, *Lo*] *suit après.* — C, *tot demenois.*
304 — B, C, *Tant qu'il vint.* — C, *bois.*
305 — B, *ert ja près de l'oriere.* C, *ert après de l'orniere.*
306 — *auques.* B, C, *encor.*
307 — B, *ne lessoit.* C, *nel laisse.*
308 — B, C, *voloit.*
309 — B, *S'en vint à lui plus que le pas.*
310 — *dist.* B, C, *fait.* — *est,* lisez *es.*
311 — C, *Car tu l'as or.*
312 — B, *Or done ça, si.* C, *Jel porterai, or.*
313 — *trové.* B, *atant.* C, *ataint.*
315-320 — Ces six vers sont remplacés dans B et C :

> Puis vait devant un[e] alenée [C, *teste levée*],
> Et Travers fist la retornée.

321 — B, C, *Au plus tost que il le pot* [C, *sot*].
322 — *le.* B, *son.*

323 — vaillaument. B, *vassalment.* — C, *Que il a conpainz.*

324 — B, *Et Barat a ja tant coru.* C, *Et Baraz a tant acouru.*

325-326 — Ces deux vers manquent à B et C.

327 — B, *Que son frere a [a]conseü.* C, *Qu'il a aconseü son frere.*

328 — B, *S'en a itel.* — C, *Lors est tant esbaïz li lerre.*

329 — B, C, *arriere.* — Ce vers et le suivant sont intervertis dans B et C.

330 — mi la. B, *une.*

331 — le vit. B, C, *l'oï.*

332 — B, C, *Si le.*

333 — B, *Laisse moi.*

334 — B, *Je ne cuit mie que ge.* C, *Car je ne cuit pas que je.*

335 — B, C, *Por .I. bacon.*

336 — B, *par en as eü.*

337 — carchié. C, *baillé.* — Ce vers et le suivant manquent à B.

339 — cil. C, *il.*

340 — nous a. C, *m'a bien.* — B, *Travers nous [a] bien enchanté.*

341 — le. B, *son.*

342 — li. B, C, *l'en.* — B, *torte.* C, *entorte.*

343 — avant. C, *ençois.* — B, *ençois qu'il s'en torne.*

345 — B, C, *Onques n'i fist.* — B, *greignor atente.* C, *nule autre entante.*

348 — B, C, *Comme cil.*

350 — B, C, *à la [C, la mq.] forclose.*

352 — avoit. B, *ot* (vers faux). — C, *S'ot sa.*

353 — Sor. B, *Entor.* — toute. B, *mout.*

354 — autretel. B, *itele.* — Ce vers et le précédent sont remplacés dans C :

> Et son chief bien envelopa
> Et come fame s'atorna.

355 — C, *Il vit Travers qui lo fais porte.*
356 — B, C, « *Lasse,* » *fait il,* « *com ge.*
357 — B, *Con.* C, *Que.* — B, C, *Dieus me tient que.*
358 — B, *Que si grant perte et tel.* C, *Si grant perde et si grant.*
359 — B, *Ai eüe par ces larrons.*
360 — *Dieus!* C, *Et.* — B, *Beau sire Dieus, où mes barons.*
361-363 — Ces trois vers se lisent dans B :

> Qui receü a si grant perte. »
> Travers cuida trestot acertes
> Ce soit sa feme qui là vient.

Et dans C :

> Qui ai receü si grant perdes. »
> Travers cuide trestot acertes
> Que ce soit sa fame qui vient.

364 — dist. B, C, *fait.*
365 — je. C, *j'an.* — B, *raporte mon.*
368 — cort. B, C, *vait.*
369 — C, *nel cuida jamais.*
371 — B, *Alez.* — C, *Alez cochier.*
372 — C, *Car.* — B, *Gel coucherai.* — B, C, *tout entravers.*
373 — C, *trestot tochier.*
374 — B, C, *Vous poez bien.*
375 — Que. B, *Mais.* — C, *Devant vos nel ferai.*
376 — B, *par mi le sentier.* C, *tot lo sentier en.* — Après ce vers, B et C ajoutent :

> Si s'en revient à son ostel,
> Et cil qui ne demandoit el.

FABL. IV

377 — B, C, *Prent le bacon.* — par. C, *et.*
378 — B, *Si l'en carche.* C, *Si lo charje.*
379 — B, *Vers son frere vient arroment.* C, *A son frere vint maintenant.*
380 — B, C, *Et Travers a trové plorant.*
381 — B, C, *Sa feme, quant en maison vint.*
382 — mès. B, *ainz mais.*
383 — Fet. B, *Dit.*
384 — B, *Ge vos.* — cuidoie. B, *doie* (vers faux).
385 — deseur cel. B, *en son ce.* C, *desoz ce.*
386 — B, C, *Mais or sai bien.* — sont. B, C, *fu.*
387 — me sont venu. B, C, *m'estoit venuz.*
388 — B, *si pot.* C, *pot si.*
389 — B, C, *Fame de fait et de parole.*
390 — B, *mout male escole.* C, *en male riote.*
391 — B, *Mal fust il onques por bacons.* C, *Mal fust faiz icist bacons.*
392 — B, C, *Ainçois.*
393 — B, C, *jusc'à la plante* [B, *pante*].
394 — B, C, *Que ge en cui.*
395 — le mes. B, *les me.* C, *lo me.*
396 — B, C, *Or prismes me vueil.*
397 — B, *tant me sui.* C, *m'en sui tant.*
398 — B, C, *Lés le bos s'est.* — B, *au chemin mis.* C, *au devant mis.*
399 — B, *en el bois parfu.* C, *enz o bois parfu.*
400 — Lisez *de feu clartez.* — B, *Si vit luire clartez de fu.* C, *Si vit la grant clarté del fu.*
401 — C, *alument et avoient.*
403 — C, *se muce lez.* — Ce vers et les cinq suivants (403-408) manquent à B.
404 — C, *Si escote com.*
408 — C, *Ainz que nus lor puist chalonger.*
409 — C, *Puis vont querir des secherons.*

411 — le feu. B, C, *li feus.*
412 — B, *La laigne estoit.* C, *La buche estoit.*
413 — C, *Si que.* — « la » manque à C.
414 — B, *Travers le chesne lor en enble.* C, *Travers oltre lo feu enjambe.*
415 — vint. B, *va.* — C, *El chasne monte par les rains.*
416 — desus. B, *en son.* — C, *Tant qu[e] il fu as darrieins.*
419 — Et. B, *Si.* — C, *giete.*
420 — B, *Dont il cuiront des.* C, *Don il feront grant.*
422 — le. B, C, *.I.*
423 — a. B, C, *ot.*
425 — B, C, *Si vit desor lui.* — B, *cel pendu.* C, *.I. pandu.*
426 — B, C, *et estendu.*
427-430 — Remplacés dans B et C :

>Toz li peus li lieve de hide.
>« Baraz, vo peres vos revide, » [B, revive]
>Fait Haimet, « mout vileinement :
>Voiz le là dessus où il pent.

431 — B, *C'est il, ja mar en douteras.* C, *Fait il,* « *ja mar en mescreras.*
432 — C, *A Deu merci.*
433 — Il. B, *Moi.* — doie. C, *voille.*
434 — C, *L'an gaaigne par tost aler.*
435 — B, *touchié.*
436 — C, *Si q'au bacon n'ont.* — B, *Si qu'il n'ont au bacon touchié.*
437 — B, *Quar il n'orent.* C, *Qu'il n'orent pas.*
438 — B, C, *Quant Travers.* — B, *n'en pot .I. choisir.* C, *nel pot meschoisir.*
440 — B, *Atout son bacon s'en retorne.*

441 — B, *Isnelement.* C, *Puis s'en reva.*
442 — B, C, *Si l'en reporte tot entier.*
443 — onques. B, *nule.* — C, *l'an fu rien.*
446 — B, C, *Bien.* — B, *estes ennu[i]t esprovez.* C, *vos estes anuit provez.*
447 — B, C, *Ainz.* — B, *si hardiz hom.*
448 — C, *fait il,* « *alumez.*
449 — B, C, *Et de la busche et du charbon.*
450 — B, C, *Il covient cuire no* [C, *lo*] *bacon.*
451 — B, C, *Se vos volez.* — nous. C, *vos.*
452 — Cele. C, *Et.*
453 — Si. B, *Et.*
454 — B, *Et la pendent.* — C, *Sanz aïde de chanberiere.*
455-456 — Ces vers manquent à B et sont remplacés dans C par les suivants :

> Onques plus n'i ot deslaié :
> Danz Travers a tot detaillié.

457 — avoit fet. B, *fist la nuit.* — C, *Lo bacon, qui mout li fist poine.*
458 — S'en. B, *Si.*
460 — C, *fait il,* « *or mangiez.*
461 — cel. B, C, *le.*
463 — B, *en mon lit.*
464 — B, *Mais ge n'i avrai nul delit.*
466 — dist. B, *fait.*
467 — B, C, *Les i aporteront huimès.*
468 — en bien. B, *or bien.*
469 — B, C, *Jamais ne vos en feront tort.*
470 — Travers. B, *cil* (vers faux). — C, *Et cele voille et il se dort.*
472 — B, *se remet el.*
474 — B, C, *Qui.* — C, *dessaissi.*

475 — dist. B, C, *fait*. — povre. B, *malvès*.
476 — B, C, *Avons gité no* [C, *lo*] *bacon puer*.
478 — puet. B, *doit*. — C, *Et Travers l'a par son barnaje*.
479 — B, *Ne cuide mais que il*. C, *Je ne cuit que jamais*.
480 — B, *nous porroit*. C, *me porra*.
481 — B, *S'ainsi li lessomes ravoir*.
482 — B, *en la maison*.
483 — « a » manque à C.
484 — B, *de l'aler haitié*. C, *de l'avoir coitié*.
485 — B, *Qu'il sont venu*. C, *Que il sont venu*. — B, *devant son*.
486 — B, C, *mist son oeil au*.
487 — B, C, *vit la chaudiere qui*.
488 — B, C, *ennuia*.
489 — fet. C, *dist*.
490 — B, *Mout m'anuië certes et quit*. C, *Or m'a nuie forment et cuist*.
492 — B, *Si laissiez*. C, *Or laisse*.
493 — « Et » manque à B et C. — B, C, *bien cuite*.
494 — Ce vers manque à C.
497 — d'un. B, *du*. — Ce vers manque à C.
498 — bordel. B, *toitel*.
499 — iluec. B, *en cel*. — C, *Sel decovri*.
502 — B, C, *Qu'il vit par mi l'entroverture*.
505 — B, *S[i] aloit la teste*. — C, *Si li va la teste hochant*.
506 — B, *devale*.
509 — C, *en sohait*.
510 — B, *le trait*.
511 — B, *En ce qu'il*. C, *Et qant il*. — B, *le traoit*. C, *la traioit*.
512 — B, C, *Travers s'esveille, si*.

514 — C, *fait il.*
515 — B, C, *ne fetes mie.*
517 — n'avrons nous. B, *n'avrion.*
518 — B, C, *Partons.*
520 — B, C, *Laissiez en* [C, *m'an*] *et si en prenez.*
521 — Que. C, *Si.*
522 — B, *Descendent tost.* C, *Cil descendent.*
524 — B, C, .III. *monceaus.* — B, *en firent o elz.* C, *en ont fait entr'aus.*
527 — B, C, *Li dui frere.* — B, *les* .II. *moz.* C, *deus des mouz.*
529 — Ce vers est précédé dans B et C du vers suivant, qui remplace le vers 530 :

> Qui norri avoit le porcel.

531 — vous di. B, C, *fu dit.*
532 — B, *Male compaignie a en* (vers faux). C, *Mal conpeignon a en.*

Ce fabliau, dont les personnages étaient célèbres au moyen âge, puisqu'on les retrouve dans le roman d'*Eustache le Moine,* a quelques traits communs avec certains contes allemands auxquels fait allusion M. Marcus Landau dans *Die Quellen des Decamerone* (p. 36).

XCVIII. — DE JOUGLET, p. 112.

A. — Paris, Bibl. nat., Mss. fr., 837, fol. 116 r° à 118 r°.
B. — Londres, Mus. brit., Mss. add., 10289, fol. 175 v° à 178 v°.

Nous devons à l'obligeance de MM. Paul Meyer et Gaston Paris une copie de ce fabliau inédit, à laquelle nous empruntons les variantes du ms. B.

Vers 1 — avoit en Carembant. B, *encoste Monferrant.*
— Le « Carembant » est un petit pays de la Flandre française, sur la frontière de l'Artois. Le scribe du ms. B, ne connaissant sans doute pas cette province, a transporté la scène dans le midi de la France, où se trouvent de nombreux « Montferrant ».

2 — B, *Ot une viellete.*
3 — A, B, *En.*
5 — B, *Toz les jors.*
6 — B, *e estordiz.*
9 — B, *Quer ele n'avoit plus d'effanz.*
10 — B, *Li enfez.*
11 — B, *mout par fust genz.*
13 — B, *Com font oncore.*
18 — la vielle. B, *celui.*
19 — B, *Biau porpris et bel.*
20 — B, *Espia biau le.*
22 — B, *por voier lor covigne.*
23 — .I. sien. B, *son.*
25 — B, *De moutons locuz e de chaz.*
26 — B, *A l'ostel vint isnel le pas.* — Les deux vers suivants manquent à B.
30 — B, *« Or sui venue.*
32 — B, *Que ferés vos.*
33 — B, *barentez.*
35 — B, *Mien escient.*
37 — B, *Oïl, se savoie.*
38 — B, *Je vos diroi.*
39 — B, *N'en.*
40 — B, *Que me doisiez Mahaut.*
41 — B, *A femme a.*
46 — A, *ha sus bou jus.* B, *e sus e jus.*
47 — B, *Qu'eus en ont fet.*
48 — B, *Si les doit tenir de.*

49 — B, .I. an entier.
50-53 — Ces vers sont remplacés dans B :

> Le voir vos dirai sanz noisier
> Tout apertement sanz gloser.

54 — B, *Quant vint le jor.*
56 — Son fil. B, *A* (vers faux).
61 — B, *le prist.*
64 — c'on alast. B, *que fussent.*
65 — en. B, *par.*
66 — Ce poirier d'« estrangleïs » est sans doute celui qui donne la poire connue sous le nom d'*estranguillon*.
67 — B, *Puis le fet haut tout sus.*
68 — B, *E Robin se prist à user.*
70 — B, *Mès cil Juglet qui le dechoit.*
71 — keues. B, *couées.* — « .I. » manque dans A.
72 — B, *E li proia qu'il.*
74 — keues. B, *coées.*
75-76 — Ces deux vers manquent à B.
77 — B, *E Robins dist qu'il.*
78 — B, *Quar ja est son ventre.*
79-80 — Ces deux vers sont remplacés dans B :

> Et si enflé e si bargié
> Que por tout l'avoir de Blangié.

82 — B, *Mès Juglet.*
83-90 — Remplacés dans B :

> Dit que fere li covenoit,
> Quar puisqu'ome à femme venoit,
> C'estoit le droit e la costume.
> Robins en fait mout laide frume,
> Mès il ne l'ose corocier.
> Tant l'a fet Juglet esforcier
> Que par .I. poi que il ne crieve,
> Mès oncors plus assez le grieve

> Ce que il nou lesse chier;
> S'il peüst son ventre vier,
> Il ne l'eüst pas tant maumis.
> — Par foi », fait Juglet, « biaus amis.

94 — « l' » manque à B.
95-96 — Remplacés dans B :

> Quar son ventre li douloit mout.
> Ja estoient au mostier tout.

98 — atempre. B, *a prise.*
99 — B, *Si les enmeine vielant.*
101 — B, *vindrent.*
103-108 — Remplacés dans B :

> Espousa la, espousé fu ;
> A l'ostel s'ent sunt revenu.
> Cel jor furent à grant plenté.....
> (*Le vers rimant au précédent manque.*)
> Boens flaons e bons mortereus,
> Qui qu'en eüst ire ne deus.

109 — B, *En.*
112-116 — Remplacés dans B :

> Toz jors aloit Juglet soentre
> Où Robins tant ne sout proier
> Juglet ne tant bel esforcier.

118 — B, *S'a il plus angoissous.*
119 — B, *Li ventre si grant comme il est.*
121 — B, *La bru si se.*
124 — B, *fiz doz, » dist.*
125 — B, *Comme or feites hui.*
126 — B, *le lechierre.*
127 — B, *Vostre fiz est .I. poi plus pris.*
128 — B, *Por ce qu'il n'avoit.*
129 — B, *De fame a issi fete evre* (vers faux).

130 — on. B, *l'en.*
131 — B, *Puis fist.*
132 — B, *Mès cele ne seit.*
134 — com. B, *tant.*
135-138 — Remplacés dans B :

> De cest chetif las asoté,
> Qui a femme de tel beauté.

141 — B, *Il ne [me] traite.*
142 — com. B, *bien.*
143 — cis. B, *cest.*
144 — B, *Se fusse ore ovec.*
145-150 — Remplacés dans B :

> Il me besast e acolast,
> E apreïst e ensegnast,
> E m'estreinsist mout durement.
> Maduit soient tuit mi parent.

152 — B, *Mès Robins n'out.*
153 — B, *detornant.*
154 — B, *Les linceus.*
155 — B, *E disant : « Las! que porrey fere? »*
156 — B, *escouta.*
158 — B, *Mès ele ne set que cuidier.*
161 — et. B, *ou.*
162 — B, *De poor se commence à pleindre.*
163 — B, *Et dist : « Mon segnor.* — A partir de ce vers, le ms. A remplace *Robin* par l'abréviation de son similaire *Robert*. Nous rétablissons partout *Robin*, qui est la forme de l'auteur, comme le prouve à la rime le diminutif *Robinet* (v. 41 et 55).

164 — B, *N'esmes nos*, forme équivalente à *sommes* du verbe *être*, faite par analogie avec *estes*.

165 — devez vous. B, *deussiez.*
166 — B, *deussiez pas.*

167 — B, *Vostre afere ne vo(s) querele.*
168 — B, *Par foi,* » *fet Robins.*
169 — nel. B, *ne.*
170 — B, *Comment?*
171-172 — Remplacés dans B :

> Si ne devez estre hontous,
> Vos me semblez mout angoissous.

173 — B, *ne quel mal.*
174-176 — Dans B :

> — Rien, damoisele, je n'ai nient.
> — Comment? Si s'en saroi le voir :
> Moi le direz. — Non feroi voir.

179 — comme. B, *que.*
180 — B, « *Biau doz freire.*
183 — B, *S'os morez e je soie vive.*
185 — B, *leaument.*
189 — li. B, *le.*
191 — B, *E qu'eissi l'a Jouglet servi.*
192 — B, *Qu'est por ceste ne por celui.*
195 — B, *coste cele.*
197 — B, *Tout droit encoste cil espuer.*
199-200 — Remplacés dans B :

> Feit Robins, « par seint Nicholay. »
> Dou lit se lieve sans delay.

201 — vint. B, *va.*
202 — B, *A son chevez tout droit.*
203 — B, *Puis a.*
204 — B, *Qu'il avoit eü.*
205 — il. B, *cil.*
206 — B, *Robins s'en revient lez.*
207-208 — Remplacés dans B

> Si se couche entre .II. linceus,
> Mès lors fu il plus angoisseus.

209 — B, *Que il n'avoit esté d'assez.*
211 — B, *Fet dame Mahaut, « e gariz.*
212 — B, *Naï, dame.*
213 — B, *E plus corocié que devant.*
214 — B ajoute deux vers après celui-ci :

> Poi avés fet, alés avant »,
> Fait cele, « biaus amis Robert;
> Poi goste d'autrui qui ne pert.

Nous retrouvons dans B comme dans A (voyez plus haut la note du v. 163) la forme Robert, qui se confond originellement avec Robin.

215 — B, *Alez chier joste s'esponde.*
216 — B, *Avoi, Damedeus.*
217 — B, *Se bien ne voil.*
219 — Quar. B, E.
220 — B, *E Robin qui mout fu desroiz.*
221-222 — Remplacés dans B :

> Tantost de son lit se leva ;
> Au lit Jouglet tantost s'en va.

224 — B, *Qu'andeus les.*
225-230 — Remplacés dans B :

> E sachiez bien qu'il ne fu pas
> Tout autretant sanz moz de gaz
> Comme d'aler jusqu'à l'uis hors
> Que son ventre li represit lors.

232 — cors. B, *ventre.*
233-234 — Remplacés dans B :

> Issi soufreit males quereles.
> « Robin », fet dame Mahaut, « queles?

235 — B, *Cil.*
236 — B, *plus que jamès.*
237 — B, *imès.*
240 et 241 — B, *Alez.*
242 — B, *Robin maintenant se leva.*
243 — Jouglet. B, *s'en va.*
244 — B, *mesaventure.*
246 — B, *Tout coi les i out.*
248 — B, *angoisiez.*
251 — B, *se il s'en fust.*
252 — B, *Un poi a.*
253 — B, *Puis se recoucha aïtant.*
254 — B, *Mès or.*
255 — B, *Le ventre quant.*
256-259 — Remplacés dans B :

    Mout s'en estoit esmervellié,
    Quant il se sent si borbellier
    C'on l'oïst bien desverdellier
    D'une huée de corsin.

260 — B, *a fin.*
261 — B, *Robin, »* fet ele, *« biau doz freire.*
262 — B, *Nenil.*
263-269 — On lit dans B :

    Fait il, « aprismes me muir jen.
    — Faites, a mal eür soit cen !
    Maudit soit hui le cors Juglet,
    Quant vos avez mal gibelet
    A afaitier cele avesprée !

270 — or tel. B, *ceste.*
271 — netoier. B, *essumer.*
273 — B, *Ele li fist le feu covrir.*
274 — B, *Chier enz e puis recovrir.*
277 — B, *L'eve espandre.*

279 — B, *A ce que ele.*
281 — B, *Qui iert pendue à .I. postel.*
282 — B, *Puis.*
283 — B, *E remetre enz e refremer.*
284 — dist il, « par. B, *par le cors.*
285 — B, *Fet Robin,* « or sui je.
286 — g'ere si. B, *estoie.*
287 — Robin, » fet ele, « ce voil jen.
288-290 — Remplacés dans B :

    Il l'acole : « Huimès (ms. Boimés) qu'est cen ? »

291 — B, *Fait ele,* « que vos volez.
292 — B, *Par ma foi.*
293 — Dist. B, *Fet.*
295-296 — Ainsi intervertis dans B :

    Me dist que eissi vos feïsse,
    Anciès qu'à femme vos preïsse.

297 — B, *je vinc de vos.*
299 — B, *m'apernez.*
303 — B, *E ne savez vos dès piecha.*
304 — la. B, *sa.*
306 — B, *Par foi,* » fet il, « ce puet bien estre.
307-318 — On lit dans B :

    Lor afere a moi plus ne monte,
    D'eus ne voil alognier le conte ;
    Moi ne chaut comme il lor en prengne,
    Se il n'en sert, cil si apregne
    E s(e)' il n'en fait, s'en ait soufrete.
    A l'endemain quant le jor jete
    Sa lumière par tout le (ms. li) mont,
    Dame Mahaut se lieve amont ;
    Si s'est assise sus son lit,
    L'us de la cambre evre .I. petit,

> Com cele qui mout sout d'abet :
> « Ha! » fet ele, « Juglet, Juglet!
> Comme estez [vous] ore endormi?
> Levez tost sus, biau doz ami.

320 — B, *Il m'est pris trop trés.*
323 — li. B, *l'en.*
324 — B, *fet il,* « *dame.*
325 — B ajoute *pris* avant « ma ».
326 — B, *à son chief.*
327 — B, *Tantost à la.*
328 — B, *Vez, por les paumes.*
329 — B, *si m'a.*
330 — B, *Qu'il a.*
332 — *Biaus amis,* » *fet.*
333-337 — Remplacés dans B :

> Tastez à l'esponde devant. »
> Cil a bouté sa main avant :
> Si n'a soing que dou soen rien perde.

338 — B, *Sa main.*
339-340 — Dans B :

> Qui ne li put mie .I. pou.
> « Vez », fet il, « por le digne clou.

341 — B, *Qui m'a.*
343 — B, *Je chaucerai seveaus mes.*
344 — B, *Il salli sus.*
345 — a pris. B, *asaut.*
347 — B, *il senti, la merde flaire.*
348 — B, *Ses braies jeta.*
349 — « uns » manque à B.
350 — B, *De males eaus set il.*
351-352 — Dans B :

> Fait il, « qui m'a fait cen? (faux)
> — Juglet », fet ele, « que est cen?

356 — lieu. B, *hui.*
357 — *manoiée. A, *manoié.* — Ce vers et les deux suivants (357-359) sont remplacés dans B :

> Où je n'aie merde trovée
> E ma chemise toute ordée ;
> Si sunt mes braies deslavées.

360 — B, *Ce sunt ci.*
362 — B, *Je n'ai coupes.*
364 — B, *qui mal i a.*
367 — n'i. B, *ne.*
368 — B, *Juglet est cele part.*
369-372 — Remplacés dans B :

> Comme home qui mout fu ir[é],
> Mès de ce fu mal atiré.

Les mots et lettres entre crochets dans l'un de ces deux vers et dans le vers 376 sont suppléés, la feuille du ms. B étant arrachée.

373 — B, *Que il n'out verge.*
374 — B, *Mès il n'i out.*
376 — B, *Toute sa main e* [*tuit si doit*].
377 — B, *En furent tooillié.*
378 — B, *Il tresue d'aïr.*
381 — B, *Ne que il devint juglere* (vers faux).
382 — B, *« Juglet, » fet ele, « bel doz freire.*
383 — B, *Le feu est il desteint donc* (vers faux).
386 — enz. B, *i.*
388 — B, *Puis c'ous estes deu tout honis.*
390 — B, *cel postel.*
392 — tantost. B, *tout droit.*
393 — B, *Qui ont talent de ssi.*
394 — commence. B, *a pris.*
397 — B, *puant au nés li.*

398 — B, *ne se puet.*
400 — B, *Toz deables.*
402 — B, *[Se] je.* — Les mots suppléés ici et dans les vers 405 et 411 sont arrachés dans le ms. B.
404 — B, *vistement.*
405 — B, *[Il sau]t avant, son sercot prent.*
407-410 — Ces vers manquent à B.
411 — B, *[Qui n'oloit] pas.*
412 — La fête de saint Christophe est le 25 juillet. Nous n'avons que l'embarras du choix entre les années du XIIIe siècle dont le 25 juillet tombe un mercredi. Le ms. B, changeant le mercredi en lundi, nous prouve que l'auteur ou le remanieur du fabliau n'attachait aucune importance à cette date.
413-414 — Remplacés dans B :

> Ce m'est avis, à .I. diluns,
> Que l'en ont beneït les fons.

415 — B, *A une vile où il.*
418 — B, « *Mestre.*
420 — B, *Il torne la teste à.*
421 — B, *E dit qu'il n'iert mie hetiez.*
422 — B, *bien serez paiez.*
423-428 — Remplacés dans B :

> Font li vilain, qui rude sont.
> — Tenez », fet il, « desliez donc.

430 — B, *l'a mis sus.*
431 — B, *Et li autre.*
432 — B, *Toute sa main a.*
433-434 — Remplacés dans B :

> En la merde qui jus avale.
> Cele jornée fu mout male.

435 — B, *A cil.*
436 — lait. B, *mal.*
437-438 — Dans B :

> Quer contre terre l'abatirent,
> Tant le ferirent e batirent.

439 — B, *Entor dos et entor.*
442 — B, *De cel an.*
444 — * Colins Malès. B, *Colin Malet.* — A, *Et ainsi gariz Robinès.*
446 — B, *Qui assez miez.*

Ajoutons, avec l'*Histoire littéraire* (XXIII, 115), que c'est sans aucun motif que Legrand d'Aussy a fait de Jouglet, triste héros de cette histoire, l'auteur du fabliau du *Sot Chevalier*, publié par nous (I, 220-230).

XCIX. — Des .III. Dames, p. 128.

Nous devons la copie de ce fabliau inédit à l'obligeance de M. Paul Meyer.

Vers 5 — L'abbaye du Mont-Saint-Michel, en Normandie, où fut fondée, dès le commencement du VIIIe siècle, une église, resta durant tout le moyen âge un lieu de dévotion et de pèlerinage.

Une autre version de cette pièce, que nous donnerons dans notre prochain volume, et qu'a connue Legrand d'Aussy, se trouve dans le ms. fr. 1593 de la Bibliothèque nationale (fol. 147); les deux textes n'offrent comme différences que des variantes assez nombreuses, et le ms. 1593 ajoute une *moralité* finale qui n'existe pas dans le ms. Harleien. Nous avons préféré cependant publier séparément ces deux textes; car l'un, celui de Londres, nous présente, avec toutes ses fautes de langue et de versification, une pièce anglo-normande, et l'autre, celui de Paris, nous permet de lire le fabliau dans une forme correcte et facile.

Cette pièce n'a rien de commun avec le fabliau *Des trois dames qui troverent un anel*, publié précédemment (I, 168-177), et dont une nouvelle version vient d'être signalée par M. Ritter dans le ms. 179 *bis* de la bibliothèque de Genève (*Bulletin de la Soc. des anc. text. fr.*, III, 89); malheureusement il n'en reste qu'un fragment de cinquante vers.

C. — DE LA DAME QUI FIST BATRE SON MARI, p. 133.

Vers 27 — * S'il; ms., *Se il*.
30 — * avoit; ms., *l'avoit*.
35 — Après ce vers le ms. ajoute ce vers inutile :

  Et cele li a tant proié.

39 — Ce vers corrigé se lit dans le ms. :

  Et a tot escouté et oïe.

42 — * li; ms., *lo*.
45 — * el; ms., *ele*.
55 — * « M'en » manque au ms.
61 — * s'ira; ms., *c'ira*.
65 — * On lit dans le ms. :

  Ençois a fait aler savoir.

82 — * traïson; ms., *maison*.
105 — * Ce que; ms., *Que*.
115 — * secont; ms., *secons*.
120 — * Jusques an; ms., *Jusqu'an*.

140 — * Qu'el; ms., Qu'il.
152 — * El; ms., Il.
163 — * « veü » manque au ms. — * cler; ms., clers.
165 — * Le vers se lit dans le ms. :

> D'amors aïe qui lon tans.

185 — * « an » manque au ms.
212 — * la; ms., lar.
216 — * Le vers est incompréhensible dans le ms. :

> Con sil aus est par gue a aille.

Nous l'avons corrigé en supposant un mot, *gaaille*, avec un sens dérivé de *gadal*. (Voy. Du Cange, *gadales*.)

223-224 — * Ces deux vers sont corrompus dans le ms. :

> A saint Jaques ou otremer.
> Lors l'ont par mi un fener.

226 — * reverti; ms, *reversci*.
231 — Les trois mots qui composent ce vers se trouvent en réclame au bas du folio que finit le vers précédent; il y a évidemment ici une lacune d'un feuillet, car le vers 232 est sans rime, et le sens ne se suit pas dans le contexte.
232 — * vins; ms., *huis*.
233 — * On lit dans le ms. :

> Et les vispe et les vins blans.

235 — * pasté; ms., *pastez*.
236 — * de lin; ms., *de jun*.
237 — * « de » manque au ms.
239 — * « tot » manque au ms.
246 — Le vers rimant à celui-ci manque.

250 — * « et » manque au ms.
265 — * « trés » manque au ms.
276 — * atorné ; ms., *atorna*.
280 — * s'en vont ; ms., *en ont*.
283 — * Demandent ; ms., *Demande*.
284 — * On lit dans le ms. :

 Et il lo voir lor conta et dist.

287 — * « là » manque au ms.
290 — * gitez ; ms., *gistez*.
292 — * el ; ms., *ele*.

Nous avons déjà publié cette pièce (I, 117-125) sous le titre de *La Bourgoise d'Orliens*. Les deux textes sont à peu près identiques au commencement (v. 1-126) et à la fin (v. 281-298); mais au milieu ils diffèrent du tout au tout. Le ms. de Berne présente des lacunes et des incorrections en grand nombre ; aussi avons-nous dû souvent faire des conjectures.

Voyez, pour les notes relatives aux imitations de ce fabliau, le vol. II, 291-292.

CI. — DE PORCELET, p. 144.

Publié par Méon, *Nouveau Recueil*, I, 286-288.

Vers 9 — * s'amie ; ms., *s'ame*.
10 — * sa grame ; ms., *s'agraine*.
20 — * el ; ms., *ele*.
45 — * despans ; ms., *despas*.

Nous avons déjà parlé (III, 342-343) des pièces qui se rapprochent de celle-ci, et qui roulent sur des équivoques grivoises ; la *Pucele qui abevra le polain*, publiée dans ce volume, p. 199-207, appartient aussi à cette catégorie.

CII. — De Celui qui bota la pierre, p. 147.

Publié par Méon, *Nouveau Recueil*, I, 307-309, et donné en extrait par Legrand d'Aussy, sous le titre de : « Du curé qui posa une pierre ».
Vers 13 — * desduit; ms., *destluit*.

Les imitations de ce conte sont très nombreuses, et parmi celles que Legrand d'Aussy a citées, il convient surtout de rappeler les Nouvelles de Malespini (*nouv.* 88) et de Bandello (*nouv.* 53).

CIII. — De Brifaut, p. 150.

Publié par Méon, *Nouveau Recueil*, I, 124-126, et donné en extrait par Legrand d'Aussy, III, 263-264.
Vers 6 — * « ge » manque au ms.
L'on retrouve cette amusante histoire entre autres dans les *Facétieuses journées;* elle forme la XVe *serée* de Bouchet.

CIV. — Do Pré tondu, p. 154.

Publié par Méon, *Nouveau Recueil*, I, 289-292, et donné en extrait par Legrand d'Aussy, III, 185-186.

Vers 13-14 — Ces deux vers assonnent et ne riment pas.
17 — * plus haut de sa vois; ms., *puis haut de savoir*.
18 — * ardoir je te vois; ms., *je te vois ardoir*.
20 — * s'estaint et puis; ms., *s'estoiz, puis*.

23 — * ne fu marié; ms., *fu à marier.*
24 — * Le vers se lit dans le ms. :

    A toz jors mené boene vie.

29 — * uns; ms., *un.*
32 — * « un » manque au ms.
41 — * passez; ms., *passé.*
44 — * drecié; ms., *dreciez.*
47 — * On lit dans le ms. :

    Vos me priestas antan.

56 — * m'en otroiez; ms., *m'otroiez.*
58 — * desdis; ms., *des des.*
61 — * « grant » manque au ms.
68 — Le sens de la phrase et la rime exigent un vers passé dans le ms.
70 — * trestote; ms., *tote.*
73 — * recont; ms., *reconst.*
83 — * On lit dans le ms. :

    Et la fame a rrespondu.

84 — * tondu; ms., *tonduz.*
87 — * « Et » manque au ms.

Nous avons ici une série d'histoires dont la principale est bien connue. Les auteurs latins du moyen âge nous l'ont conservée, Marie de France l'a racontée dans ses Fables (II, 379) et Pogge, avec d'autres encore, en a fait une imitation.

CV. — De la Sorisete des estopes, p. 158.

Les feuillets du ms. qui contiennent ce fabliau ont été mal assemblés; c'est ce qui explique pourquoi la pièce, commençant au fol. 175, finit au fol. 56.

Publié par Méon, *Nouveau Recueil*, I, 310-317, et donné en extrait par Legrand d'Aussy, IV, 310-311.

Vers 31 — * soz; ms., *sor.*
48 — * « o » manque au ms.
50 — * « fu » manque au ms.
69 — * estope; ms., *estopes.*
70 — * cope; ms., *copes.*
83 — * Pol; ms., *Po.*
88 et 157 — * totes; ms., *tote.*
89 — * c'est; ms., *s'est.*
95 — * « se » manque au ms.
97 — C'est avec ce vers que commence le fol. 56, le commencement de la pièce étant transposé et appartenant au fol. 175.
99 — * « à » manque au ms.
170 — * m'est; ms., *met.*
187 — * jambes; ms., *james.*
192 — * vilains; ms., *vilain.*
193 — * tien; ms., *tain.*
194 — * Or; ms., *Ost.*
197 — * eschat; ms., *eschap.*
217 — * Se n'é; ms., *Se j'é.*
218 — * Qant el viaut ome; ms., *Qant ele viaut om.*

Le type de mari plus que naïf qui figure dans ce fabliau peut être rapproché du personnage du *Sot chevalier* (voy. I, 220-230), où une belle-mère se charge de déniaiser son gendre.

CVI. — De Constant du Hamel, p. 166.

A. — Paris, Bibl. nat., Mss. fr. 837, fol. 14 r° à 19 r°.
B. —   »   »   »   1553, fol. 488 v° à 493 r°.
C. —   »   »   »   19152, fol. 77 r° à 80 r°.
D. — Bibl. de Berne, Mss. 354, fol. 80 v° à 88 v°.

Le titre de la pièce est dans le ms. B : « De dant Constant de Hamiel », et dans D : « De la Dame qui conchia lo prestre, lo prevost [et] lo forestier ».

Publié par Barbazan, II, 204, par Méon, III, 296-326, et donné en extrait par Legrand d'Aussy, IV, 246-254, sous le titre : « De la Dame qui attrapa un prêtre, un prévôt et un forestier ou Constant Duhamel ».

Vers 1 — C, D, *metrai et.*
2 — *En.* B, C, *A.* D, *De.*
3 — *sire.* B, *dant* (vers faux). D, *seignor.*
4-5 — Ces deux vers sont remplacés dans B :

> Et de sa moillier Ysabiel.

6 — B, *biele et plaisant.*
7 — C, D, *Et bele et gente.* — Ce vers manque à B.
8 — C, *si plaisant.* D, *païsant.*
9 — B, *Plus couvoitie.* C, *Tant covoitie.* D, *Plus vozie.* — B, C, D, *à dechevoir.*
10 — *i mist.* B, *fait tout.* C, *i mist tot.* D, *mist tot.*
11 — B, *De li. reçuerre.* C, *A requerre la.*
12 — *parla.* C, *ala.* — B, C, D, *un jour.*
13 — B, C, D, *Mout.* — D, *requiert.*
14 — B, *Que s'ele.* C, D, *Dist li s'el.*
15 — C, *Qu'il.* — B, *de ses inaus.* C, D, *de biaus joiaus.*

16 — B, *Maintes çaintures.* C, D, *Çaintures, fermaus.*

18 — B, *ele n'en voloit nul.*

19 — C, *Et dit.* — Ce vers et le suivant manquent à B.

21 — D, *Por ce.* — B, *Por rien que il li sache dire.*

22 — B, *J'oï conter, » fait el(e), « biaus sire.*

23 — B, C, *Se vostre amie.* D, *Se vostre songnant.* — B, C, D, *devenoie.*

24 — B, *Que l'amour Dieu.* — C, D, *en guerpiroie.*

25 — faut. B, *chaut.*

26 — B, C, *Et li prestres.* — B, *plus.* C, *si.*

27 — B, [*Et*] *mout li prie et mout.* C, *Et mout la prie et mout.* D, *Et prie mout bel, si.*

28 — B, .X. C, .VII., D, .VIII. — B, D, *ki sont.* C, *qu'il ot.*

29 — B, *a trovée.* — B, *si enjointe.* C, *si bel jointe.* D, *si bien jointe.*

30 — B, *Tant bien enseignie et tant.*

31 — C, *en atamer.* — B, *Que il n'i puet por riens entrer.*

32 — B, *Quant.* D, *Et.*

33 — B, *maris qu'ensi.*

34 — B, C, D, *l'a blechié.* — B, *le d.* C, *li d.* D, .I. *d.*

35 — B, *en cuer l'est entré.* — C, D, *Qui l'a par mi* — C, *le cors navré.* D, *les iauz navré.*

36 — C, *Et si fort encore.* D, *Si l'a si fort el cors.* — B, *navré.*

37 — tressue. B, *suspire.* — C, *Que d'amors se tressue et art* (ce vers ne rime pas). D, *Que d'amors* [*se*] *tresue et jaint.*

38 — B, *A mont grant p. va et.* — Ce vers manque à C.

39 — B, *Petit li a valu.*
40 — B, *Mais du* (vers faux). — *provost.* C, *prestre.*
41 — B, *Qui l'avoit à ferme.* C, *Qui les forfez ot.* D, *Qui la terre ot* (vers faux).
42 — B, *I ravoit.* C, *Cil a.* D, *Icil va.* — B, D, *assaillie.* C, *rassaillie.*
43 — D, *Si.* — C, *Si a fait.* — B, *Et li avoit fait un cenbiel.*
44 — B, *que il.* — B, C, D, *portoit.*
45 — B, *Et qu'ele estoit biele.* D, *Que il la vit jante.*
46 — B, D, « *Dame,* » *fait il.* — B, « *mont par.* D, « *mout* (vers faux).
47 — *cil.* C, D, *tel.*
48 — B, D, *l'arde.* — Le vers manque à C.
49 — C, *Se ge ere si.* D, *Se je ere ausin.* — B, *que de vous.*
51 — B, *Il est plus.* D, *Et est plus.* — B, D, *envieus que ronce.* — Le vers manque à C.
53 — B, C, *Que ne feroit del sien.* D, *Que del suen ne feroit.* — B, C, D, *.x. livres.*
54 — B, D, *Car je sui.* C, *Que je sui.* — B, *et fors.* C, D, *plaisanz.* — B, C, D, *et delivres.*
55 — B, *Et il.* C, *Et si.* — B, *lais.* — Ce vers et le suivant sont intervertis dans C.
56 — D, *Et il n'est ne rés.*
57 — *et ors.* C, D, *hideus.* — B, *A[n]chois est hideus et barbés.*
59 — B, *Vostre amis serai plus.* C, D, *Vos feroiz ami plus.*
60 — B, *Et si avrés.*
62 — D, *La dame l'avoit esgardé.*
63 — B, *Se li a dit :* « *Chou.* C, D, *Si dist :* « *Sire, ce.*
64 — B, C, *Mieus voudroie estre.* — B, *encore à nestre.* C, *mis à prestre.*

65 — C, *g'eüsse fait*. — Ce vers et les trois suivants manquent à B et D.

66 — C, *Quar vos avez*.

67 — C, *loez à moi*.

68 — C, *Ge me vorroie mielz*.

69 — B, C, D, *si fol saut*.

70 — B, *parole rien ne*. D, *covant po vos i*.

71 — B, C, *Ne*. — D, *S'avez deniers, si*.

72 — B, *Car*. — B, *en a assés*. — C, *Jamès sire n'ert vergondez*. D, *Mes sires en avra assés*.

73 — C, D, *Qui m'a mout d*. — B, *m'a souëf n*. (vers faux).

74 — C, *Seroit ce mout*. D, *Je feroie*. — C, D, *grant vilennie*.

75 — B, C, D, *Se por son bien mal li*. — B, *voloie*.

76 — B, *l'a laissié en*.

77 — C, *Et il s'en va mout*. — B, *trespenssis*. — D, *Et cil remaint trestot irez*.

78 — D, *et trespansez*. — B, *Tous correchiés et abaubis*.

79 — B, *Que il ne se*. D, *Que cil ne la*. — C, *pot*.

80 — C, *Mais ce*. D, *Et si*. — B, *Mais ce le fait mout esjoïr*.

81 — C, *et dolz semblant*. D, *et biau semblant*. — B, *Que ele est cortoise et plaisant*.

82 — B, C, D, *et avenant*.

83 — la. C, D, *et*.

85 — B, *Dist li pr*.

86 — C, D, *dit il*.

87 — B, *Le vuel je dont amer par*. C, *Quant ge la vueil amer par*. D, *Voil la je donc amer à*.

88 — C, *Que ge n'i puis*. D, *Et je n'en puis*.

89 — B, *Chou ne poroit estre à nul fuer*. — Ce vers et le suivant sont intervertis dans C.

90 — D, voille. — B, Je ne puis pas avoir son cuer.
91 — B, Ce m'est avis, s'ele. D, Enmerai la, quant el.
92 — à soi. C, D, à li. — B, tous seus à lui se claime.
93 — mieus. B, plus.
94 — D, i a (vers faux). — en. B, u.
95 —. B, C, D, est à l'ostel.
96 — B, L'endemain se rest esmaïe (sic). C, Au matin se rest esmeüe. D, Au matinet se rest meüe.
97 — C, D, S'en. — B, Por aler tout droit à l'eglise.
98 — « ot » manque à B ; D, a oï.
99 — Ce vers et les trois suivants sont remplacés dans B :

> Si se metoit el repairier ;
> Lors l'encontre le forestier.

101 — au. C, son.
102 — C, Et fu cointes. D, Mout ert cointes (et).
103 — B, Bien fu. C, Bien. — C, et d'arc.
104 — B, Dame Ysabiel a.
105 — B, Et elle lui. — B, C, D, autresi bel.
106 — esraument. B, C, D, de son droit.
107 — B, C, D, De fin or.
109 — il. C, cil. — B, Mais icest anel.
111 — cele. B, vostre.
112 — B, Qui ne porte pas mal en touche. C, D, Qui tant par est vermeille et douce.
113 — D, Cele.
114 — B, C, D, « Sire, » fait el(e).
115 — C, Se le vostre ennel. D, Se [le] vostre anel.
116 — D, Que. — B, C, me destraint. D, m'an destraint.
117 — C, D, Por. — B, m'aiez si tost conquise. C, D, vos m'aiez si tost prise.
118 — ja. D, or.

119 — A la place de ce vers dans B se trouve le vers 120, qui est alors remplacé par celui-ci :

N'i avrai honte ne domaige.

122 — B, *Ne ferai dont il.* C, D, *Ne vos ferai dont.*
123 — B, *Por choi.* D, *Por ce.* — B, *à dant Constant.* C, *que mon seignor.* — D, *en plaise.*
124 — B, C, D, *Alez.* — B, *à vo.*
125 — B, C, D, *Et je irai à mon.*
126 — B, *pas plain poin.*
128 — B, C, *me dist.*
129 — o. C, D, *par.* — B, *Que n'a o vos se honte non.*
130 — Vous. B, *Si.* — mal. B, D, *le.*
132 — B, C, *A icest mot de li se part.*
133 — C, D, *remaint.*
135 — B, *Sa[nz e]we à un rasoir.*
136 — fet. B, *faire.* — C, D, *Ou fet les grenons.* — D, *arachier.*
137 — assez plus. B, *autresi.*
138 — B, C, D, *Mais sire.*
139 — B, *Ne set mie del tout.* — C, D, *ce.*
141 — D, *s'an vint.* — B, *A l'ostel est venue.*
142 — S'a. B, *Et.* — C, D, *Si fist mengier son.*
143 — C, *Puis l'en envoia el labor.* — Ce vers et le suivant manquent à B.
144 — « il » manque à D.
145 — B, *Or avint si, ce.* — Les six vers suivants (146-151) manquent à B, mais ont à peu près leurs équivalents placés après le v. 160.
150 — C, D, *Et il furent bien.*
152 — B, *feïst il.* — B, D, *mont.* C, *mout.*
153 — B, *De.* — C, D, *Avuec la fame dant.*

154 — C, *L'en en devroit*. D, *En an devroit*. — C, D, *vivre*. — B, D, *.vii. ans*. C, *lonc tens*.

155 — D, *o en eve o*. — Le vers suivant manque à D.

157 — B, *Por une nuit en joie* (vers faux). C, *Por une nuit avoir sa joie*. D, *Por avoir une sole nuit joie* (vers faux).

158 — B, *fors nos .iii.*

159 — B, *Par foi, » chou dist*.

160 — C, D, *Qui. vorroit*. — B ajoute après ce vers les six suivants, qui seraient mieux placés après le v. 145 :

> Sire », dist li provos au prestre,
> « Entre le provost et le prestre
> Et le forestier, ce me samble,
> Alerent un jor boire ensamble.
> Quant orent beüt et mangié,
> Et il furent auques haitié.

161 — B, *Bien en*. D, *Un an*.

162 — *prestres*. B, *provos*.

163 — *mort*. D, *tant*. — Le vers et le suivant sont intervertis dans C.

164 — C, *Que pour une*.

165 — B, *saine cose mie à*. C, D, *mie seine chose à*.

166 — B, *A autre cief en*. C, *A autre chose*. D, *Autre chose en*. — B, C, *couvient traire*. D, *covandroit faire*.

167 — B, *Ele n'en vieut nul escouter*. C, *A ceus qui s'en veulent aider*.

168 — C, D, *Ele n'en velt nul*. — B, *Por prometre ne por donner*.

169 — C, D, *velt*.

170 — C, *i covient metre*.

171 — B, *Tant qu'ele ait poverté*. — C, D, *ou faim*.

172 — B, *Adont se metra*. — D, *au reclain*.

173 — « on » manque à B. — Ce vers dans C est remplacé par le suivant, qui change « s'en » en *se*.

174 — s'en. B, le. — C, *Metons la en male semaine.*
175 — B, *que a dit li.* C, D, *quel conseil de.*
176 — C, *fait fol.*
178 — « *Savés,* » *dist il.*
179 — assez. D, *adès.*
180 — B, *D'apovrir [le] signor.* C, *Pour anienter dant.*
181 — C, *Primes de ça et puis de là.* D, *Poile de ça, poile de là.*
182 — C, D, *Mal dahez.* — B, *s'i faindera.* C, D, *s'en feindra.*
184 — B, *sont acompaignié.*
185 — B, *poront.* — B, *partir lor.* C, *compaignier.* D, *partir ce.*
186 — D, *atachié.* — B, *Mais il seront tout troi irié.* C, *A icest mot sont atachié.*
187 — B, C, D, *Si se departent.*
188 — B, *ne set mot.* C, D, *n'en sot mot.*
189 — l'en. B, *on.* — tel. C, D, *cest.*
190 — B, C, D, *ainsi.*
192 — B ajoute « Et » au commencement du vers, ce qui le fausse. — C, *Contre son mostier.* — D, *Contreval son mostier garda.*
193 — B, *Si vint.* — C, *Sire Costant vit.*
194 — B, *le cela pas, ce croi.*
195-196 — Ces deux vers sont remplacés dans B :

« Ains » , dist il, « que trestout cil l'oient,
Qui aval le mostier estoient.

197 — D, *Sont trestuit de Deu.* — Ce vers manque à B et est remplacé, après le v. 198, par le suivant :

Et mes paroles entendés.

198 — D, *Seignor, dames, or.*

200 — maris. C, *baron.* D, *paranz.*
201 — B, C, *espousé(e).*
203 — Ce vers manque à B. — Ce vers et les cinq suivants manquent à C et à D.
204 — B, *Et si vous di que.*
205 — B, *mandé et li evesque.* — Ce vers est suivi de celui-ci :

[Et] grant piech[e] a que je lor main.

207 — l'en. B, *on.*
208 — B, *La loi nes puet plus consentir.*
209 — B, *Or dont.*
210 — C, *Hors du mostier.* — B, D, *d'entre la gent.* C, *d'antre ces genz.*
211 — * congi. A, *congie.* — B, *Or tos issiez.* C, *Congié vos doig.* D, *Je vos desvée.* — C, *de cest yglise.*
212 — chanté. B, *ja fait.*
213 — B, *i demorrés.* — C, D, *com çaienz sejornerez.*
214 — B, C, *Lors.* D, *Or.* — D, *est.* — C, *toz abosmez.* D, *forment destrous* (la rime n'est pas exacte).
216 — C, D, *Tant fu esbahiz por.* — Ce vers et le précédent manquent à B.
217 — C, *Que il.* D, *Qu'il.* — D, *que il doit.* — B, *Ne set que faire ne que dire.*
219 — Ce vers est remplacé dans B après le v. 220 par le vers suivant :

Si l'a illueques atendu.

220 — le. B, C, D, *au.*
221 — B, *Tant que [la].*
222 — en. C, D, *s'en.* — B, *Que la gent s'en estoit.*
223 — B, *est venus à l'ostel.*
224 — « Et » manque à B, C et D. — B, *qui atendoit.* C, D, *qui n'atendoit.*

225 — B, C, *Li est à l'encontre.* D, *Est à l'uis contre lui.*
227 — C, *Dist.* — D, *ne te.*
228 — B, *Por toi ai esté.*
229 — C, *Que je ai soffert avoltire.*
230 — B, *Et resprent* : « *Dan Constans, biaus sire.* C, *Por amor Dieu, merciz, beaus sire.* D, *Por Deu,* » *fait il,* « *merci, biau sire.*
231 — D, *Dist.* — B, *Por l'amor Dieu.*
232 — B, *Et au vesque* (vers faux). — *et.* C, *ou.*
233 — B, C, D, *faire moi.* — A, *cuites.*
235 — D, .VIII. — C, *otroi.* — Ce vers et le suivant sont remplacés dans B :

> Se je te fac estre delivres ?
> — Sire, je vous donrai .x. livres.

236 — Ce vers, suivi de deux autres, se lit ainsi dans C :

> A quant paier ert, di le moi ?
> — A paier dedenz merquedi :
> Tenez ma mein, gel vous affi.

237 — C, *Or pense donc.* — B, *va donques reposer.*
238 — B, *Se por itant pues.*
239 — D, *Donc.* — C, *t'avera doné.*
240 — *sire.* B, *de lui.*
242 — *l'a.* C, *l'ot.*
243 — B, *Bien set.* C, D, *Bien sot.* — B, *que il est.* C, D, *que il fu.* — C, *enchantez.* D, *deshaitié.*
244 — B, *lachiés.*
245 — C, *Qu'est ce* ». D, *Qu'avez* ». — C, D, *dist ele.* — B, D, « *biaus amis.* C, « *mes amis.*
246 — C, D, *dist il.*
247 — B, *A .x.* D, *A.* VIII.

249 — C, *quar il nos.* D, *car il ont.* — Ce vers et le suivant manquent à B.

250 — C, D, *Si seroiz de moi.* — D, *deguerpie.*

253 — *estiiez.* B, *estes* (vers faux).

254 — B, C, D, *Ne vous* [B, *en*] *chaut,* » fait ele, « *biaus frere.*

255 — B, *Les ai tous sés.* D, *Jes ai toz près.* — Ce vers et le suivant sont intervertis dans D et manquent à C.

256 — *serez.* D, *soiez.*

257 — D, *.VIII. eues.* — B, *Ne vous en soit oef* (vers faux).

259 — B, *Je donrai.* C, *S'en donons.* — D, *.VIII. ou .XX.* (vers faux).

261 — B, *calle de.* D, *en chaut à.*

262 — *alons.* C, D, *venez.*

263 — B, *Et il si fisent.*

264 — B, *N'i orent pas sis.* C, *Mais n'ont pas mengié* D, *N'orent pas mangié.* — B, C, D, *longement.*

265 — B, *En l'estre vint l'ome.* C, *Ez vos le serjant* D, *Quant revint li mès.*

266 — *or.* C, D, *mout.* — B, « *Constant,* » fait il « *levés sus tost.*

267 — B, *Il vous estuet venir à cort.*

268 — B, *qui.*

269 — D, C, *Fait.* — C, *la feme.* — C, D, *ce que puet estre.*

270 — B, *Cil respont :* « *Dame* (vers faux). C, « *Dame,* » *fait se il,* « *quar.*

271 — D, *tost de.* — B, *Se l'a mout durement.* — C, *Si l'a mout hasté de venir.*

272 — B, *Atant Constant s'en est.* D, *Atant s'an est Costanz.* — C, *Et dant Coutant se vait vestir.*

273 — C, *vient.* — C, *où il bée.* D, *si lo bee.* — Ce vers et les trois suivants sont remplacés dans B :

> Vint au provost, sel salua,
> Et il fierement l'apiela.

274 — C, *raison n' i ot.*

277 — B, *Et si l'avoit el cep.* C, *Si l'a dedenz le cep.* D, *Si l'a tantost el cep.*

278 — B, *Apriès, »* fait il, *« av[e]rez.*

279 — B, *Car.*

280 — B, *Va tost, »* dist il, *« à.* — C, *à Dinart.* — D, *Puis dist à lui mout soavet.*

281 — B, *Et si me di à.* C, *Va tost corant à.* D, *Va me tost querre.*

282 — B, *Que j'ai chaiens.* C, *Si di que j'ai.* D, *Di li que j'ai.*

283 — B, *Qu'ennuit.* — D, *osté.*

284 — B, *Il en a bien un mui porté.* D, *Il en a plus d'un mui osté.*

286 — B, *Lors est Constant.* C, *Or ot Coutanz.* D, *Or a Costanz.* — B, *en fort haschie.* C, *sa grant haschie.* D, *mout grant achiée.*

287 — B, *on li me(n)t larrechin.*

288 — C, *Hé, »* fait il. D, *Hé, (sire), »* fait il.

289 — C, D, *Sire prevoz.*

290 — B, *Ha, dant Constant.* C, *Sire prevost.* D, *Sire vilains.*

291 — me. B, *nous.*

292 — D, *Aubiensint.* — C, D, *venroit hurter.* — B, *Il n'i a riens de chauchiier.*

293 — B, *Sire Constans, par Diu, »* fait il. C, *Fait il, « or aprez ou jardin.* D, *Au mostier de vostre bercil.*

294 — B, C, *Car d'essi qu'en vostre.* D, *Ne vi je c'an vostre.*

295 — B, *la trache del blé.* — C, *la terre.* D, *la place.* — C, *fuie.*

296 — C, D, *Sire prevoz.*

297 — B, *on me met sus* (vers faux). — *tel.* D, *cest.*
298 — *en.* C, *me.*
300 — *ou mont.* B, D, *sous ciel.* C, *du mien.*
301 — C, D, *Qu' ainz ne.*
302 — B, *Ainz que je fuisse chi.* C, D, *Que l'en m'eüst ici.*
303 — D, *En ce.* — *cep.* C, *point.*
304 — B, *Et que.* — « à » manque à B. — C, D, *ton.*
306 — D, ·*Par foi.* — B, C, D, *vos donrai.* B, C, .x. *livres.*
307 — C, *t'en va donc.* — Ce vers et le suivant manquent à B.
308 — C, D, *Et je serai ton.*
309 — B, D, *Adonc.* C, *Adonques.* — B, *l'a il.* C, *l'a.* — C, *gité.*
310 — B, *alé.*
311 — « Trés » manque à B. — *l'eur.* B, *le liu.* D, *l'o.* — C, *Vers son ostel grant aleüre.*
312 — B, *Atant estes vous.* C, *Ez vous acouranz.* D, *Estes vos corant.*
313 — B, *Acorant.* — D, *son vaslet.* — C, *Jobert.* D, *Robert.*
314 — B, *Ha, donc.* C, D, *Qu'est ce.* — B, *viens tu.* D, *dist il.* — B, *fet il.* — D, ·*Robert.*
315 — B, *Et qui t'emmaine.* C, D, *Qui te chace.* — B, *et que as tu.*
316 — *vous.* C, D, *nos.* — B ajoute à tort *ore* après « est ».
317 — *voz.* C, *noz.*
318 — B, *Et il dit que.* C, *Et dit que en.* — D, *Si dit qu'an la tierce cemoine.*
319 — B, *fraisnes.*
320 — D, *coutera.* — C, *bien* .III. *fresnes.* D, *teres brenes.* — B, .III. *eravles et* .IIII. *caisnes.*

321 — B, D, *à soir.* C, *ersoir.* — C, D, *.i. autre.*
322 — dist. B, *fait.* — B, *que ce.*
325 — C, *enprès.*
326 — « li » manque à D. — C, *Et commence haut à crier.*
327 — B, « *Sire prudon.* C, D, « *Dant forestier.*
328 — Ha. D, *Et.*
329 — or le cul. B, *la pance.* C, *ce ventre.* D, *ce crepon.*
330 — B, *Que si vous venés traïnant.*
331 — B, *Vos tenissiés à grant.* — C, D, *Ce n'ert mie.* — C, *mout grant.* D, *trop grant.*
332 — B, *Se (moi) aportissiés.* C, *Se vos portissoiz.* D, *Se or porteissiez.*
333 — B, *Et en.* C, D, *Ou en.* — B, *.iiii.* C, *.vii.* D, *.iii.*
334 — B, *cuidiés or.* C, D, *cuidissoiz.* — C, *ravoir.*
335 — B, *Mais sachiés.* C, *Ha,* » *fait il.* D, *Par Deu, tot.*
336 — B, *Vostre grant panche vous nuira.*
337 — nous. C, D, *vos.* — B, *Quant l'autrier nostre bois anblastes.*
338 — B, *Et en vostre hostel.*
339 — B, C, D, *Or fu Constans.* — B, *si forsenés.* C, D, *mout poerous.*
340 — C, *Et mout durement angoissous.* D, *Tant fu dolanz et engoilleus.* — Ce vers manque à B.
341 — B, C, D, *Qu'il dist.*—C, « *Lerre.*—B, « *Par mon cief, vous mentés.*
342 — ausi bien. C, *autresi.* — Ce vers et le suivant sont remplacés dans B par trois autres :

> Jou n'enblai onques encor rien.
> Se fuisse armés autressi bien
> Comme vous estes, dans vassal.

344 — C, D, *Devers vous*. — B, *parvenist*. C, D, *en tornast*.

345 — C, *Et se tenisse*. — Ce vers et les deux suivants sont remplacés dans B :

> Se Dieus ait hui de m'ame part.

346 — C, *Ge vos donasse*. D, *Jel vos donasse*.
347 — C, *Ja nel*. D, *Ne la*. — C, D, *por vostre arc*.
349 — B, *esperons*. D, *borl[et]es*.
350 — D, *Or*.
351 — B, *Se li a dit*. C, *Sel regarde*. D, *Ses regarda*. — B, *iréement*. C, *mout fierement*. D, *mout longuement*.
352 — B, *te vient tel talent*. C, *vient le hardement*. D, *vient tel hardement*.
353 — C, *Donc*.
354 — B, *Se t'aït Dieus*. — B, *me vieus tu*.
355 — Les vers 355-356 manquent à B; 355-358 manquent à C; 355-360 manquent à D.
357 — B, *Se Dieus m'aït, mal i entras*.
358 — franc. B, *nul*. — B, *ne batras*. — Les trois vers suivants (359-361) manquent à B.
360 — C, *Por lui*.
361 — D, *n'iert toi*.
362 — B, *Vers lui*. — B, *torna le*. C, *lance son*. — B, D, *atant*. — B ajoute pour la rime le vers suivant :

> Lors ot paor li païsant.

363 — D, *Or*. — Ce vers et le suivant manquent à B et sont remplacés dans C par les suivants :

> Quant il le vit venir vers lui,
> Adonc se traist en sus de lui.

364 — venir. D, *torner*.
365 — C, *Si dit : « Sire*. D, *« Sire, » fait il*.

366 — C, *Racordon nos.* D, *Atandez vos.* — B, *Le glorieus qui ne menti.*

367 — B, *tenés or pas si.*

368 — Après ce vers, B ajoute :

> Et me plaidiés à mon seignor,
> Vous n'i oriés pas grant honor.

369 — B, *Si m'aït Dieus, ne grant profit.*

370 — chambre. B, *huge.* C, *huche.* — D, *Je ai mucié dedanz mon.*

371 — B, *.X. livres tous priés.*

372 — C, D, *que raie.* — C, *mes bues en pais.*

373 — B, *Et acordés.* — C, *Apaiez soiez.* D, *Qu'acordez soie.* — C, *aïtant.* D, *par itant.*

374 — B, C, D, *Cil qui.* — B, C, D, *demandant.*

375 — D, *Fors.* — C, *que vers lui eüst.* — Ce vers et les deux suivants sont remplacés dans B :

> Li dist : « Fai m'ent seür et fi.

376 — C, *Cil.* D, *Il.* — C, D, *porra.*

377 — D, *Il li.* — C, *mardi.* D, *lundi.*

378 — m'en. C, *moi.* — B, *Tenés, » fait il, « je.*

379 — B, *le praing.* D, *l'anprain.*

380 — D, *Or en repuet mener l'aumaille.*

381 — « Dans » manque à B. — B, *en repaire.*

382 — B, *correchiés.* C, D, *fu dolenz.* — D, *s'ot laide chiere.*

383 — C, *n'a faille* (vers faux). D, *ne li doille.* — Ce vers et le suivant sont intervertis dans C. — Les vers 383-391 sont remplacés dans B par les suivants :

> En un lit est couchiés enviers;
> Le vis ot taint et pale et piers.
> Et qant sa fame l'ot seü,
> Bien set ke il fu nascu :
> « Sire », fait ele, « que avés?

> — Dame », fait il, « vous ne savés
> Le grant damage et le dolor.

384 — D, *Es chans.*

385 — D, *braiant.* — Ce vers et le suivant manquent à C.

386 — D, *n'i dist sonet ne chant.*

387 — C, D, *En .1. lit.*

388 — C, D, *li vait.*

389 — C, D, *Sire, que avez vos.*

390 — C, D, *onques puis que* [C mq.] *je fui nez.*

391 — D, *N'oi autre mal mal.*

392 — B, *Que j'ai hui eü.* D, *Si ai aü hui.*

393 — B, *tout l'encombrier.*

395 — C, *Comment* [est]. — B, *Commant est issus de lor* (vers faux).

396 — B, *Et .x.* C, *Por .x.* D, *Par .x.*

397 — C, *Adonc.* — B, *Puis li conta tout de rechief.*

398 — B, *Del prestre trestout le meschief.*

399 — B, *Qu'il li doit .x. livres.*

400 — doi. B, *puis.* — C, *or me puis mout esmaier.* D, *mout* [me] *doit enuier.*

401 — B, *Car je n'en sai u d. pr.*

402 — B, *Il.* — B, *mes maisons.* C, *mes bestes.* D, *mes vaches.*

403 — devons. C, *g*[e d]*oi.* D, *je doi.*

404 — C, *Sire or.* — B, *ne vous en esmaier.*

405 — fu. C, D, *ert.* — Ce vers et les trois suivants manquent à B.

406 — C, *Plus que nule de son lignaige.*

407-408 — Ces deux vers, intervertis dans C et D, se lisent ainsi dans C :

> Ja n'en vendroiz blé ne aveine!
> Hors vos metrai de ceste paine.

FABL. IV. 38

Dans D :

> Ne n'an vandroiz blé ne avaine,
> Bien vos metrai hors de la paine.

409 — B, C, *osterai de.* — B, D, *la frape.* C, *ceste frape.*
410 — B, C, D, *Et il.* — B, *demourront.* — B, C, *en la trape.*
411 — B, *Que.*
412 — B, C, D, *Comme il vous ont fait.*
413 — *du.* C, D, *de.*
414 — D, *il asistrent.*
415 — B, *il orent.* — C, *a si tart.*
416 — C, *Dame Ysabel si la.*
417 — B, C, D, *L'andemain.* — B, *sa.*
418 — B, C, *n'est pas.* D, *n'ert pas.*
419 — B, C, *apela.*
420 — C, *goulue.* — B, *Qui mont sot avant et ariere.*
421 — B, *Apelée fu.* C, D, *La meschine ot non.*
422 — D, *tritrot.* — Ce vers manque à B.
423-424 — Ces deux vers sont remplacés dans B :

> « Walestrot, biele douce amie,
> Or ne soiés pas esbahie.

Dans C, le vers 424 est placé le premier et le v. 423 est remplacé par le suivant :

> Mout bien ce que vuel te dirai.

425 — « Que » manque à C et D. — C, *nos envoit.* D, *vos otroit.* — B, *Que Dieus nous envoit hui.*
426 — B, *Or tost.* C, D, *Queur tost si.* — B, *apareilles.* C, D, *m'apareille.*
427 — B, *El(e) le fait sans atendre plus.*
428 — B, *Tost ot.* C, *Si a.* D, *Tost a.* — B, C, D, *mis la paiele sus.*

429 — B, *Et versa de l'iaue.* C, *Et l'aive chaufée.* D, *Et [mist] l'eve chaude.*

430 — B, *.I. dras.* — C, *Pour faire par dedenz.*

431 — C, *Puis revient.* D, *Puiz revint.* —C, D, *à sa dame errant.* — B, *Puis vint à sa dame corant.*

432 — D, *or ai fait.*

433 — C, D, *Galestrot,* » *fait el,* « *bele amie.* — Les vers 433-442 sont remplacés dans B par les suivants :

> Et dist la dame : « Walestrot,
> Va moi por le prestre le trot,
> Et di que viegne isnel[e]ment ;
> Si aport avuec soi l'argent,
> Et il nous ert bien encontré.
> Di li qu'il n'i ait demoré.

436 — C, *Et que saiges.*

437 — D, *Tant [que] nostre provoire aion.*

438 — C, *Et si.* D, *Si i.*

439 — C, *Va, di au prestre.* — C, *qu'or m'as prise.* D, *que tu m'as prise.*

440 — C, *Tant que sui preste à.* D, *Tant c'or sui preste à.*

442 — C, *Di li qu'aport.* — C, D, *sanz demorance.*

443 — C, *Les .vii.* D, *Les .viii.* — B, *Mais il m'aport tous.*

444 — B, C, D, *Et cele.* — B, *esforce.* C, D, *escorce.*

445 — C, *gros furent par.* D, *gros furent vers.*

446 — C, *Une.* — B, *bieste.* — C, D, *qui sent tahons.*

447 — si. B, C, D, *plus.* — B, *corre par le.* — D, *saut.*

448 — B, C, D, *Que G.* — B, *galope et.* C, *s'en vait le.* D, *hordoille et.*

449 — B, C, *se pena.*

450 — Après ce vers, D ajoute :

> Qant Galestrot entra en l'us,
> Il se leva contre li sus.

451 — C, D, *Ele le*. — Ce vers et les neuf suivants (451-460) sont remplacés dans B :

> Qui pense oïr bone noviele ;
> Quant Walestrot vit, si l'apiele :
> « Walestrot, quel besoing t'emainne?
> — Sire, por vous sui en grant painne,
> Car j'ai ma dame tant hastée
> Que je l'ai à chou [a]menée
> Qu'ele fera vostre service
> Bonement à vostre devise.
> Venés à li isnelement :
> Ele a mout grant mestier d'argent.

452 — C, D, *fait el(e), se Dieus me.*

453 — C, *Ge criem*. — C, D, *ma peine avoir.*

455-456 — Ces deux vers manquent à C.

456 — D, *Tant ai fait que c'est vostre amie.*

457 — C, *Se vos ne fussiez si*. D, *Se ne fussiez large et.*

462 — B, *Ge n'ai voir nule*. — D, *enpese*. — Après ce vers, B ajoute :

> Si n'oc onques del vostre rien,
> En verité le vous di bien.

463 — B, *Li prestres l'ot, si s'en sourist.*

465 — « or » manque à B, C et D. — B, *.x. sous*. — B, *por un peliçon*. C, D, *à .I. peliçon*.

467 — *li las*. B, *voir, sire*.

468 — B, *Je cuic ma dame avoir.*

469 — B, *Mais vous iestes mont*. C, *Se vos n'estes mout*. D, *Se vos n'estes trop.*

470 — B, *Atant s'est remise el repaire*. — Le ms. B place après ce vers les v. 473-476, qui n'offrent pas de variantes.

471 — B, *Ains a bouté tout*. D, *Bota les deniers.*

472 — Puis. C, *Si*. — B, *Oiés que fist le*. D, *Si se depart del*. — Ce vers et le précédent sont placés dans B après le v. 476.

473 — *il*. C, D, *cil*.

475 — C, D, *farsie*.

477 — C, *bouta tot en .I. saquel*. D, *a tot boté el sachet*. — Ce vers et le suivant sont remplacés dans B :

> Bien s'atorna et se viesti :
> .I. ma[n]tiel à son col pendi.

478 — C, *Et puis s'afubla d'un*.

479 — D, *Nuef*. — B, *Qui estoit d'escarlate en*.

481 — *s'en ist*. D, *se part*. — B, *Issi de son osté errant*. C, *Si ist de son ostel atant*.

482 — B, *Mout souffre et [se] va*. C, *Si va li prestres*.

483 — D, *li pant*. — B, *Car la borse pesoit*.

484 — C, *Oez comme*. D, *Oez conmant*.

485 — C, *A en mi sa voie trovée*. — Ce vers et le suivant sont intervertis dans C.

486 — B, *grimelée*.

487 — B, *pasture en une*.

488 — B, *Si*. C, D, *Dont*. — B, C, D, *s'en volt retorner*.

489 — *sort*. B, *fort*.

490 — B, *Devant lui*. — B, *drot*. D, *cort*.

492 — C, D, *s'en prent*.

493 — C, *En son gelinois*. D, *Et en gelinois*.

494 — A partir de ce vers, le ms. B s'écarte d'une façon assez notable de A, C et D ; il met d'abord à la place des vers 495-499 les vers 573-587 dont nous donnerons les variantes en leur lieu. — Vient ensuite le vers

> Puis a sa meschine apelée,

correspondant au vers 500 ; puis une série de nouveaux vers remplaçant les v. 501-529 :

« Va », fait ele, « sans nul demor ;
Si me descauche cel signor.
Car je vuel que il voist bagnier,
Et jou irai sans demorrer :
Si me baignerai aveuc lui,
Et nous [nous] irons ambedui. »
Li prestres l'ot, grant joie en a,
Et Walestrot le (*ms.* se) descaucha,
Tantost que n'i ot demoré(e).
Et il est lors el baing entré(e);
Et la roube est en sauf portée.
Puis ra sa meschine apelée :
« Va », fait ele, « [va] vias et tost,
Et si m'amainne le provost. »
Ele i est maintenant courue ;
Si le trova en mi la rue :
« Sire », fait el(e), se Dieus m'amant.

Les quatre manuscrits recommencent pour un moment à être d'accord avec le v. 530.

496 — C, *Le col baissant.* D, *Et lui baissier.* — C, *et regarder.*

497 — C, *qu'il est entrez el.* D, *que entrez est el.*

498 — vient. C, D, *salt.*

499 — D, *blon[de]te.*

501 — C, D, *Queur tost le.*

502 — C, D, *Ge vueil que il se voist.*

503 — C, *i entrerai.* D, *enterai ja.*

505 — D, *abelira.*

507 — C, *en sai.*

508 — D, *Il li.*

510 — C, *[Et] el le giete en mi son.* D, *Et lo gita desor un.*

511 — au. C, *à.*

512 — C, *La dame ne fu.*

513 — C, *Tant le sot de ces diz soler.*

514 — C, D, *Qu'ele fist el.*

516 — C, *Ne li.* — D, *Ainz n'i remest ne let deniers.*

517 — C, *Ainz l'a en sa (en sa) chambre portée.* D, *Tot a en sa chanbre aportée.*

518 — C, D, *Puis a [C, la] Galestrot apelée.* — Les deux vers suivants manquent à C et D.

521 — C, D, *Fai moi tost.*

522 — C, *aport.* — C, D, *tantost.*

523 — *m'ot.* D, *met.*

524 — C, *s'en torne corant.* D, *cort tot maintenant.*

525 — C, *Qu'ele fait.* D, *Si que fait.*

526 — C, *Se or.*

529 — C, *fierement.* D, *baudemant.*

530 — *dist el, « mal.* B, *mont malvais.* D, *fait el, « mal.*

531 — *por.* D, *par.* — Ce vers et les trois suivants manquent à B.

532 — C, D, *Mais ge l'ai fet.* — C, *mout que cortoise,* D, *conme cortoise.*

534 — C, *devroit.*

535 — B, *Et je me sui tant.* — *plus.* C, *mie.*

537 — Ce vers et les 29 suivants (537-566) sont remplacés par les suivants dans B :

> Que j'ai ma dame convertie ;
> Je le cuic bien avoir traïe.
> Mais ne vous soit ore à contraire :
> Ele a mont de deniers a faire.
> Aportés li sans nul sejor
> Sa promesse de l'autre jor
> Et si venés isnelement.
> — Walestrot, [et] se Dieus m'ament,
> Cest service m'est boin et biel :
> Tien de .x. sous por .I. mantiel. »
> Ele les prent, puis si s'en torne,
> Et li provos tantost s'atorne :
> Les deniers et les joiaus prist,
> Et puis à la voie se mist.
> A la porte vient, si apiele :

> « Lasse ! chi a male noviele ! »
> Fait la dame, « mon signor vient.
> Li prestres l'ot, forment se crient
> Por chou qui l'avoit correchié :
> « Dame, or sui ge voir ensaingnié »,
> Fait il, « se n'en prenés conroi.
> — Sire, n'en soiés en effroi » ;
> Fait la dame, « ne en esmai :
> Car en tel liu vous meterai.

De ces 24 vers les deux premiers sont presque les v. 455 et 456 de notre texte ; et les vers 15-22 se retrouvent une seconde fois à peu près identiques aux vers 635-642.

538 — C, D, *est orendroit.*

539 — Ce vers manque à D.

543 — mout. C, *tant.* — Ce vers est remplacé dans D par deux autres dont le premier ne rime pas et dont le second est faux :

> Ma dame a mout d'argent mestier,
> Et si en a mont a faire.

544 — C, *tant simple et.* D, *tant franche.*

545 — Le vers est faux dans C et D : Qu'ele [D, Que] *vous savra bien rendre.*

549 — C, *fait il.* — C, D, *« bele.*

551 — C, D, *Tu m'as servi et.*

552 — or .xx. D, .xv. — C, *Tantost li done .i. bon mantel.*

553 — C, *Lors li met.* D, *Lors li gete.*

554 — C, *torne.* — C, D, *corant.*

555-557 — Ces trois vers sont remplacés dans C et D : Dans C :

> Sachiez qu'el ne fu pas irie,
> La dame fu si affaitie,
> Que le prestre detria tant

> Qu'estes à la porte corant
> Le prevost, là où il apele.

Dans D :

> Sachiez qu'ele n'est pas iriée.
> La dame fu bien afaitiée
> Que lo preste destria tant.
> Estes vos à la porte errant
> Lo provost [là] o il apele.

558 — C, *fait ele « quel.*
559 — C, D, *Dit la dame, « j'oi.*
561 — D, *Fait li.*
562 — C, D, *Vostre sire est.* — C, *de mal affaire.* D, *si de mal aire.*
563 — tout. C, *tost.* — D, *Je serai ja to[us] desnuez.*
564 — C, D, *Quar il est.* — C, *mout vers moi.* D, *vers moi mout.*
565 — C, *Dit la dame.* D, *Fait la dame.*
567 — B, D, *Que* [D, *Qu'an*] *ne vous troveroit.* C, *Où il ne vos querra.*
568 — En. C, *Soz.* — Ce vers et le précédent sont communs aux quatre mss. — B recommence immédiatement au vers suivant à se séparer des trois autres.
569 — que. C, D, *fors.* — Ce vers et les 36 suivants (569-605) ne sont pas les mêmes dans B. Remarquons que parmi les vers remplacés, un certain nombre (573-587) ont déjà été utilisés autre part (entre les v. 494 et 500) par B ; nous donnerons cependant ici toutes les variantes de ces vers, comme s'ils avaient dans B le même ordre que dans A, C et D. Voici d'abord les vers de B remplaçant les v. 569-605 du texte.

> Il i a plume nete et biele ;
> Dieus me doint or(e) bone noviele
> Oïr, car mon mari [mout] doute. »
> Adont li prestres le van boute,
> Si qu'il chaï jûs maintenant ;

El toniel saut isnelement,
Car mont redoute le vilain.
Il joint les piés et saut de plain :
En la pleinne pas ne fali
Et la dame le recouvri.
Estevous le provost venu ;
La dame l'a biel recheü.
Erramment le revaut baisier :
« Par foi », fait el(e), « chou n'a mestier ;
Nos ferons ja nostre talent,
Qant nous serons privéement.
— Dame », fait il, « vostre merchi ;
Mais je vous ai aporté chi
De mes joiaus, de mes deniers. »
La dame les prist volentiers ;
Tout a en sa cambre porté,
Puis est el baing tantost entré.
Ele a la robe en sauf portée,
Puis a Walestrot apielée :
« Va », fait ele, « sans delaiier ;
Si m'amainne le forestier ! »
 Ele maintenant i ala ;
En mi la rue le trova.

570 — crut. D, ot. — sa. C, D, la.

572 — C, *El le covri du ven*. D, *Bien lo trove* (sic) *de van*.

573 — D, *Ezvos*. — C, *atant*. D, *aïtant*. — B, *Evous à l'ostel erramment*. (Pour la place que doivent occuper dans le texte les variantes de B, correspondantes aux vers 573-587, voyez plus haut les notes des vers 494 et 569.)

574 — B, *Il le voit*. C, *Cil la volt*. D, *Il la vait*.

576 — B, C, *fait*. — D, *dist ele*, « *n'a*.

577 — Ce vers et les trois suivants sont remplacés dans B :

Je ferai tout vostre talent,
Qant nos serons privéement.

578 — C, D, *me fait*.

580 — C, D, *vos seroiz de moi.*
581 — C, *dist il.* — « il » manque à B.
584 — B, *et la.* — C, D, *Lors li descuevre.*
585 — B, *grosse et.*
586 — B, *Et ele n'en.* C, *Mais il ne l'a.* D, *Et ele nel.* — Les quatre vers suivants manquent à C.
588 — D, *Ne voil ci.*
589 — D, *A conter.*
590 — D, *La dame qui n'est mie fole* (meilleure leçon qui empêche les deux vers de rimer par le même mot).
591 — C, *Lors le commande entrer.*
592 — C, *Ore li double.*
593 — C, *Qu'ele a la robe.* D, *Car la robe a.*
594 — *a.* D, *ra.*
596 — *moi.* C, *me.*
597 — C, *au miel que.* D, *des miauz que.*
599 — *ce.* D, *il.*
601 — C, *me voloit l'autrier.*
602 — C, D, *Qui lors.* — C, *torner.*
603 — C, D, *la vile au mielz qu'il.*
604 — D, *l'estuet.*
606 — *vit.* C, D, *voit.* — Nouveau raccord avec ce vers des quatre mss. — B remplace les trois vers 606-608 par ces deux :

> Quant [el] le vit, ne fu pas fole
> De bien aconter sa parole.

607 — C, *desteler.* D, *deviser.*
608 — C, D, *et fole.*
609 — C, *ce.* — D, *musar(s)t.*
611 — B, *Ja n'en alasse avant .I. pas.*
614 — B, *Ele ne fina de parler.*
615 — C, D, *Qu'el.* — C, D, *si puer.* — B, *Que vous vit l'autrier à nul fuer.*

616 — B, *Or l'ai jou pointe jusqu'à.*
617 — C, *et tastée.* D, *et tantée.*
618 — B, *ai fait que est.* C, *qu'el est por vos.* D, *c'or est de vos.*
620 — B, *El(e).* — B, *deniers assez.*
623 — B, *Tu l'as bien fait.* C, *Buer le feïs.* D, *Buer lo deïs.*
624 — B, *Se je puis tenir.* C, D, *Se ge la tenoie.*
625 — C, D, *La.* — D, *cointe.* — B, *La biele dame coiie et simple.*
626 — D, *.v. solz.* — B, *por une.*
628 — C, *Et cil i laissera.* D, *A ce li en laissa.* — B remplace ce vers et les trois suivants par deux autres :

> Atant se rest mis en voiage,
> Et revient à l'ostel corant.

629 — mès de. D, *de la.*
631 — C, *errant.* D, *corant.*
632 — C, D, *Sa.* — B, D, *treuve.*
633 — « le » manque à B. — D, *la haste.* — Ce vers et le suivant se lisent dans C :

> Ez vos le forestier mout tost,
> Qui venoit à la dame tost.

635 — D, *C'à.* — B, *vint.* — Les vers 635-678 sont passés dans C.
636 — froide. B, D, *male.*
637 — D, *mes sires.*
638 — B, D, *Li provos l'ot.* — B, *qui mout se.*
639 — B, D, *qui.*
640 — B, *or sui ge mal.* — D, *corecié.*
641 — s'or, B, *se.* — D, *Se ne prenez de moi.*
644 — D, *mes [sires].* — Ce vers et le précédent sont remplacés dans B :

> Chou li a dit dame Ysabiel :
> « Saliés tantost en cel toniel ! »

645 — B, *Le tonnel del van.*
646 — i. B, *li.* — D, *Et cil joinz piez dedanz.*
647 — B, *n'a tué.* D, *ne tue.*
648 — D, *fait il.* — B, *que ce.*
649 — B, *Sont chi.*
650 — B, *Et quant li provos l'a.* D, *Quant li prestes lo ra.* — B, D, *santu.*
651 — B, *ke il del senz n'issi.*
652 — B, *Hé.* — B, D, *fait il,* « *or.*
654 — B, *(si) m'as effondré.* D, *m'as escouté.*
655-656 — Ces vers se lisent dans D :

> Ce sui je voir », ce dit, « li prestes ;
> Mais tu, qui es? di, moi ton estre.

656 — B, *Quels.* — ci. B, *ore chi.*
657 — Ce vers et les trois suivants sont remplacés dans D :

> Li las et li mal aürous ;
> Mout sui destroiz et engoisseus.

660 — Ce vers et le suivant manquent aussi à B.
662 — B, D, *Je sui le chaitif, le.*
663 — B, *dont n'ai je nul.* D, *dit, don n'ai je.*
664 — A, *s'acointent.*
665 — B, *L'un d'iaus à l'autre s'av.* D, *Li uns à l'autre s'av.*
667 — D, *vint à l'ostel roide et.* — Ce vers et les neuf suivants (667-676) sont remplacés dans B par des vers dont quelques-uns rappellent les vers de B déjà cités sous la note du v. 569 :

> Ains vint en l'ostel maintenant ;
> La dame li fist biel semblant.

> Il le voloit tantost baisier :
> « Sire », fait el(e), « çou n'a mestier ;
> Je ferai tout vostre talent,
> Qant nos serons privéement.
> — Dame », fait il, « c'est verité,
> Mais je vos ai chi aporté
> De mes joiaus, de mes deniers. »
> La dame le prist volentiers ;
> Tout a en sa cambre porté.
> Et il est lors el baing entré,
> Et la robe a en sauf portée.
> Lors a Walestrot apielée :
> « Va », fait ele, « por mon signor. »
> Et de si fist [el] sans demor.

670 — D, *Tant qu'el fu.* — Ce vers et le précédent sont intervertis dans D.

671 — D, *Qu'ele lou fait.*

672 — D, *Et mout bien lou sot atorner.*

674 — D, *Mout.*

675 — qu'en. D, *que.*

677 — D, *Qu'il s'an veigne.* — Ce vers et le suivant sont intervertis dans B de cette façon :

> La charue n'estoit pas loing :
> Tost l'ot amené au besoing.

679 — B, *E[s le] vous huçant à.* C, D, *Ez le vos bruiant à.*

680 — B, D, *Dieus.* — B, *dist la dame.* D, *fait la dame.* — C, *fait ele, « ge sui morte.*

681 — D, *veez lo là.* — B, *C'est monseignor que jou oi là.*

682 — B, C, D, *Bien sai que il.* — B, *m'en honnira.*

683 — C, *Qu'il.* — C, *de deslier.* D, *d'ovre laissier.* — Ce vers et les sept suivants (683-690) sont remplacés dans B par des vers dont nous avons déjà vu plus d'un figurer à une autre place dans le ms. B :

> Et qant li forestiers l'oï,
> A merveilles s'espoeri :
> « Hé, dame », fait il, « que ferai?
> — Amis », fait el(e), je vous dirai ;
> S'alés me tost en cel toniel. »
> Chou li a dit dame Ysabiel ;
> Tantost le toniel descouvri,
> Et il i est joins piés sailli.

685 — vous. C, me. — Ce vers et le suivant sont intervertis dans C.

687 — C, D, *La dame l'ot.* — C, *mout li fabel.* D, *panse novel.*

688 — C, D, *Muciez vos.* — C, *là.* D, *ça.*

689-690 — Ces vers sont remplacés, le premier dans C et D :

> Atant le tonel descovri ;

le second dans C :

> Et il est ez joinz piez sailli ;

et dans D :

> Et il joinz piez dedans sailli.

691 — C, *Si durement de tel ravine.*
692 — C, *Qu'au.* — B, *s'eschine.*
693 — B, *ne l'osa.*
694 — B, *Elas!* C, *Ha Dieus!*
695 — B, C, D, *Je sui.*
696 — B, *Vois(e), que.* — B, *soies tu.* C, *soies te.*
697 — B, D, *Fait li provos.* C, *Fait li prestres.* — B, *traiez en là.*
698 — B, *nous creverons.* — D, *ça.*
700 — B, *Hé las!* » *dist le chaitis.* C, D, *Ha!* » *dit le prestre las.*
701 — B, *Comme j'ai male poitrinée.* — Ce vers et le suivant sont remplacés dans D :

Ci a dolante penitance :
Je cuit que j'ai brisié(e) la hanche.

702 — B, *Et j' ai brisie l'eskinée.*

704 — B, C, D, *Par foi.*

706 — D, *La vie.* — tant. B, *ensi.*

707 — D, *Soit honie.* — B, D, *en cest.*

708 — B, *Car mis nos ont en.*

709 — B, *le signor atant.*

711 — B, *apielé.*

713 — C, D, *Comment les.* — B, *ele les mist en.*

714 — B, *Sire,* » fait ele, « *or ouvrez bel.* C, *Or en ouvrez, sire, mont bel.* D, *[Hé] sire, or en ouvrez mout bel.*

715 — B, *autant com il.* — Ce vers et le suivant manquent à C et D.

716 — B, *De moi sans desus en.*

717 — B, *volsisent.* — C, *o moi.*

719 — C, *Si faites.* — B, *Et vous faites semblant tout.*

720 — B, *Que la premiere vueilliés.*

721 — B, *Et les autres.* — C, *volez.*

722 — C, D, *Si seront.* — B, *Si les arés à droit.* — Les deux vers suivants manquent à B.

724 — C, D, *Et si seront.* — Ce vers et le précédent sont intervertis dans C et D.

725 — B, *Et j'avrai toudis.* C, *Mais toz jorz tenez.* D, *Mais tenez tout jorz.* — B, C, D, *vostre.*

726 — D, *Que.* — B, *El[e] vaut mieus que vostre mache.*

727 — B, *Il en aront.* — D, *s'esmuet.*

728 — D, *fait il.*

729 — *vien ça.* C, D, *fait el.* — B, *E Galestrot, france barnesse.*

730 — B, *[cour] pour la.* — C, *Va tost corant pour.* — D *Cor moi mout tost por la proumesse.*

731 — B, *Di que se.* — D, *que veigne à moi.* — Les trois vers suivants sont remplacés dans B :

> Et jou si me irai muchier
> Illueques enprès cel toniel,
> Et vous gaiterai bien et biel.

732 — Ce vers est suivi dans D de quatre autres :

> Et si vous metez en repos,
> Et g'irai mout corant lo cors
> Là où je doi par ci aler,
> Que je n'ai soin de demorer.

733 — C, *Où nos asserron.* D, *O vos seez sor.* — C, D, *cele met.*
734 — C, *Et.* — C, D, *toz jorz.*
735 — B, *fait il,* « *je le.*
736 — C, D, *cort par mi le tai.* — B, *Et Galestrot sans nul delai.*
737 — B, *A tant la prestresse* (ms. *prestres est*).
738 — B, *Que o li le ra.* C, *Que maintenant l'a.*
739 — C, *despoillier.* — Ce vers et le suivant sont remplacés dans B :

> Quant ele est à l'ostel venue,
> Et descauchie et desvestue.

740 — C, *Ausi com por faire baignier.*
741 — D, *de la.*
742 — B, *o.* C, D, *à.* — B, C, D, *la face bise.*
743 — B, C, D, *Qui resanbloit.*
744 — B, C, *Ist.* D, *Saut.* — B, C, D, *de la chambre.* — D, *atout son mail.*
745 — B, « *Hé Dieus,* » *dist il,* « *qui est or ceste.* C, *Qu'est ce,* » *fait il,* « *et que velt ceste.* — Ce vers et les neuf suivants sont remplacés dans D par les vers suivants, parmi lesquels on ne retrouve qu'un petit nombre des vers de notre texte :

Mout est hideus a demesure ;
Nule si laide criature
Ne fu veüe n'encontrée ;
Et si avoit la teste lée,
Que il n'avoit esté lavez
Tant avoit esté adolez,
Les danz roces con moiaus d'uef ;
Et si vous di que a nul fuer
Ne deüst gesir nule fame,
Tant avoit la chiere grifaine.
Et vint au bain toz esfraez,
Ausinc com se il fust desvez :
« Qu'est ce ? » fait il, « qui est or ceste ?
Je ne quier ja trover plus preste :
Couchiez vos tost, si vos foutrai. »
Cele lo vit hideus et lai ;
Grant peor ot, ice vos di,
Que onques mais nul tel n'en vi(t) :
« Lasse », fait ele, « que ferai ?
Se ge cri, ice bien [le] sai,
Les genz i vanront à .I. cor :
Lor sera la honte graignor
Q'ele n'avra devant esté.
Biaus sire Deus de majesté,
O porrai aler ne venir,
Car je ne sai où [m'en] foïr ? »
Il la veit as jambes saisir ;
Si l'a cochiée tote enverse,
Ne la prist pas à la traverse.
Et el(e) se conmance à detordre,
Et li vilains formant s'esforce.
Si li bota (ms. bote) au con lo vit,
Si que sa fame bien lo vit.
Lors li lieve les jambes en haut,
Si li a fait .I. menu saut,
Puis [si] li prist à lancer tot,
Et ele li delivra tot.

746 — C, *Ge n'i quier ja trouver.* — B, *Ja n'i quier plus [trover] prestresse.*

747 — *si.* B, *je.*

748 — B, C, « *Ele le vit.*

749 — C, *El n'osa.* — B, *n'ose parler ne grouchier.*
750 — B, *Il le.* C, *Il la.* — B, *baillier.*
753 — C, *Ainz la prist à lever.* — Ce vers et le suivant manquent à B.
755 — *vea.* C, *leva.* D, *vée.* — B, *Ains li leva cascune.*
756 — B, *u ele.* C, D, *qu'el onques.*
757 — *mès de.* B, *ceste.* D, *de la.*
758 — B, *Qui en tonnel ert.* C, D, *Que el tonel est.*
759 — C, D, *fist.* — A, *vertuel.* C, *vertoil.* — Cette leçon doit être adoptée, au sens de *couvercle*, de préférence à « verruel ».
760 — D, *Li prestes prant.*
761 — B, *bocillier.* — D, *lo vit embrooillier.*
762 — C, D, *mostra.*
763 — B, C, D, « *Prestre, qu'est ce que.*
764 — B, C, D, *que ce.*
765 — B, *Ce me resanble.* C, *Se ce puet estre.* D, *Puet ce or estre.*
766 — C, D, *Connoistras la tu.*
767 — C, *Et au[s] treces.* D, *Et as nasches.* — B, *Esgarde environ et entor.*
768 — B, *C'on.* C, D, *En.* — B, *à deshonor.*
769-770 — Ces deux vers sont remplacés dans B, C et D :
Dans C :

> Li prestres si fu si plains d'ire
> Que il ne set qu'il doie dire.

Dans D :

> Li prestres fu si trés plains d'ire
> Qu'il ne set que il doie dire.

B, entre ces deux vers, change toute la tirade jusqu'au v. 780 inclus :

> Li prestres fu si trés plains d'ire,
> Ne set que faire ne que dire.
> Qant dant Constant l'ot adobée
> Et à son talent demenée,
> Ele s'en va mont correchie.
> Viers son hostel est adrechie,
> Mais n'en porte mantiel ne coté.
> Walestrot par la rue trote ;
> Tant s'est esplotie et hastée,
> Que la provoste a amée.
> Qant à(u) l'ostel est repairie,
> Et desvestue et descauchie.

771 — D, *De duel que il a et de honte.*

772 — mon. C, D, *le.*

773 — bien. D, *tant.*

774 — C, D, *Hors de sa maison l'a.*

775 — C, D, *Et el(e).*

776 — D, *fu ja.*

778 — D, *s'acoustre.* — Les quatre vers suivants manquent à C.

779 — D, *Jusque cele fu revenue.*

780 — D, *Et quant ele fu.*

781 — B, *Et ele dut en.*

782 — D, *A sa fame va.*

783 — B, *Qui est or cheste dame ichi.*

784 — C, *Avoi, Coutanz, par* — B, D, *biaus am s.*

785 — C, D, *Ge.*

786 — C, *En non Dieu, dame, ce.* — D, *donc est bien droiz.* — B, *Dont est bien [et] raisons et dois.*

787 — C, D, *i soiez or.*

788 — B, *La dame en fu.* C, *Et ceste s'est.* D, *Et cele c'est.* — B, mont. C, D, *mout.* — B, C, D, *irascue.*

790 — B, C, D, *Et il.* — Les deux vers suivants manquent à C et D.

791 — B, *Levées li a contremont.*

792 — B, *Les plantes li batent.* — Les deux vers suivants manquent à B.

795 — C, D, *giter .III. dez.*

796 — B, *(tos) trespensés.*

798 — B, *le voit.*

802 — D, *Or n'a mie si.* — B, *Or en veés une à destroit.*

804 — B, *ke ele tumera.*

805 — Les trois manuscrits B, C et D diffèrent ici du ms. A.

Le ms. B remplace les vers 805-818 par les deux suivants :

> Qant Constans en ot son bon fait,
> Mout corechie s'en revait.

C remplace les vers 805-820 par les suivants, qui se trouvent déjà et à la note des vers 769-770 et dans les vers 771-776 du texte :

> Li prevoz par fu si plein d'ire
> Qu'il ne set que il doie dire
> Du duel qu'il ot et de la honte.
> Mais n'en vueil aloignier le conte.
> Qant dant Costan l'ot bien corbée,
> Hors de sa maison l'a boutée,
> Et el s'en va mout correcie.
> Galestrot ert ja envoïe.

Le ms. D, plus proche de A, change seulement les deux vers 805-806 :

> Li prevoz fu tristes, plain d'ire,
> Que il ne set qu'il doie dire.

807 — D, *Por ce.*
809 — D, *N'esist.* — D, *gole.*
810 — D, *Et.* — D, *la refole.*
811 — D, *Del fuisset.*

812 — * fros. A, mors. — D, *Li cus estoit plus noirs.*
816 — D, *Qu'onques de ce.*
817 — D, *danz.* — D, *l'ot bien.*
818 — D, *Fors de sa maison.*
819 — B, *Mais n'en porte.* — Ce vers et le suivant sont remplacés dans D :

>   Ele s'an vait mout coreciée.
>   Galoutrot riert ja envoiée.

821 — B, *Si ramainne.* C, D, *Por amener.*
822 — B, *Cele vint.* C, *Ele vint.* D, *Ele i vint.*
823 — B, *Quant ele est à l'ostel.* C, *Et quant ele refu.* D, *Et quant ele fu enz.*
824 — B, *Et descauchie et.* — C, *refu.*
825 — B, *Lors li convient.* C, D, *Or li estuet.*
826 — B, *durement.* C, D, *salt qui mout.* — B, *l'essaie.* C, *l'esmaie.*
827 — *est.* C, D, *ert.* — B, *Qui fu de hisdeuse corine.*
828 — B, *d'une.* — Le ms. D ajoute après ce vers :

>   Et la piau rosse et velimose ;
>   Mout par ot chiere felounose
>   Et si avoit il mout put vit,
>   Ainz si noir nus hom mais ne vit.
>   Ce fu merveille à esgarder,
>   Que il sanbloit .1. vil maufé.

830 — D, *fait il.* — Ce vers et le précédent sont remplacés dans B :

>   Se Dieus », fait il, « me beneïe,
>   Il covient ke soiés m'amie.

831 — B, *Se vous tendrai.* C, D, *Ge la foutrai.* — B, C, *enel le pas.* D, *ici chaut pas.*

833 — « ja » manque à B ; D, *mout*. — B, *Che verrez vous, » fait il.*
834 — B, *ist hors del.*
835 — B, C, *Quar il li vint.* D, *Et il li vint.*
836 — B, C, D, *voler sor.*
837 — B, *si faitement.*
838 — i. B, *en.* — C, *Que l'en poïst.* D, *Que l'an en puet.*
841 — C, *Or esgarde.* D, *Fait li prevoz.* — B, *ke ce.*
842 — B, *Si m'aït Dieus.* C, D, *Par les sainz Dieu.*
843 — B, C, D, *Cis mireor est assés orbe.*
844 — B, C, D, *Ele a le cul.*
845 — *est.* C, D, *fu.* — Ce vers et les onze suivants (845-856) sont remplacés dans B :

>Qant dant Constans l'ot adoubée
>Et bien a son talent corbée,
>Si l'a mise hors dou hamiel.
>   Mout fu sage dame Ysabiel.

846 — D, *sot.*
847 — D, *l'an fait.*
848 — D, *n'en puet.*
849 — C, D, *Qant dant Costant l'ot bien corbée.*
850 — D, *Et retornée.* — C, *et estupée.* D, *et estubée.*
851 — C, D, *A l'uis li ensaigne.*
852 — C, *Dant Costant la dame.*
853 — C, *Et la fist.* D, *Qui la fist.*
854 — D, *Sanz peliçon et sanz.*
855 — D, *remaint.*
857 — C, D, *Toz jorz tint sa.*
858 — B, *Or oez k'i fist li.*
859 — D, *vient.*
860 — B, *Hé, Dieus », fait il.* — B, C, D, *que est.*
861 — C, *cel.* D, *se.*
862 — B, *Chi devoie.* D, *O (je) devoie.*

863 — B, *Se Dieus me saut.* C, *Par les sainz Dieu.* D, *Par les iauz Dé.*

864 — D, *Don.* — C, D, *si li.*

865 — B, C, *Et cil commenchent.* D, *Et il conmença.* — B, *à blusner.*

866 — C, D, *font jus.*

867 — B, *Si s'en.* — Ce vers et le suivant manquent à C et D.

868 — B, *Mout i a.* — Les deux vers suivants manquent à B.

871 — B, *Car ni ot teste ne costé.*

872 — B, *Qui trestout ne soit.* — D, *n'i fusent.*

873 — B, C, D, *fuient.* — C, *par .1. issue.*

874 — B, *prent sa.* C, D, *prent une.*

875 — B, *Si s'en retorne apriès bruiant.* D, *Si s'an torne après aus tornant.*

876 — D, *vint.* — C, D, *ses chiens.* — B, *Toz tans s'en vait ses.*

877 — B, C, D, *Hou! hou!* — B, *Morant.* D, *Chanbert.* — B, C, *hou! hou!* — B, *Hanwiel.*

878 — A, *Hoel,* B, *Hannerel.* — D, *Martin Hanel.*

879 — B, C, *Mon bon.* — D, *Mon pere qui bien.*

880 — B, *Onques mais tés coses ne vi.* D, *Puis l'ore que m'angenoï.* — Ce vers manque à C.

881 — B, *Ne n'oï.*

882 — B, *pooie.*

883 — B, *Je les donroie.* D, *Je les porterai.*

884 — B, *Lors.* — *ot.* D, *a.* — B, *mont* [*grant*].

885 — C, D, *Si se painent.* — C, *de bien fouïr.* — Ce vers et le suivant manquent à B.

887 — B, *Ballefort.* C, *Galoffart.*

888 — B, C, *as naches.* D, *as manches.* — B, C, *mout tost.*

889 — C, D, *Qu'il en.*

890 — rest. B, *fu.* C, *ert.* D, *iert.*
891 — D, *Que.* — B, *la.*
892 — B, *prist par.* D, *prant as.* — B, *les costes.* C, *au cul par.* D, *coillons par.*
893 — B, *que mont ert grosse.* C, *qui mout ert grant et.* D, *qui mout est grant et.*
894 — B, *fu mise (la).* C, *si tenist.*
895 — B, *Qant Esmeraude si fu.* C, *Que la lisse si ert bien.* D, *Q'Esmerande fu si bien.*
896 — *est* C, *soit.* — B, *Qui li donast tout l'or de Frise.*
897 — B, C, D, *Ne s'en partist.* — B, *ele sanz sanc.* C, *el sanz du sanc.* D, *il sanz mahainz.*
898 — D, *et estainz.* — Ce vers manque à B.
899 — B, *Si se laisa(i).* C, D, *Si s'est laissié.* — B, C, *cheoir à terre.* D, *verser à terre.*
901 — C, *Atot sa maçue goueschc.* D, *O tot la maçue griesche.* — Ce vers manque à B.
902 — B, *ventresche.* — C, D, *Tele li done à la traverse.*
903 — B, C, *Qu'il.* D, *Qui.* — B, *l'a fait.* C, D, *le fist.* — B, .III. C, D, .II.
904 — B, *U vueille.* — B, *l'estuet pasmer.* C, D, *le covint verser.*
905-921 — Ces vers manquent à B.
906 — C, *Emprès.* — C, D, *s'est aroutez.*
908 — C, *Qui aconsuit.* D, *Adonc consuit.*
909 — C, *Des naiches.* — C, D, .II. *braons.*
912 — C, *Forment.*
913 — D, *poignant.*
914 — C, *Atot.* .I. *baston cort pesant.* D, *Et une cuiller paumoiant.*
915 — C, *N'en preïst pas* .I. *boissel d'orge.* D, *Qui bien tenist* .I. *miniau d'orge.*

916 — D, *Lo provost asene en la.*

917 — D, *Car li chien l'orent.* — C remplace ce vers et les quatre suivants par :

> Que li chien si l'orent navré.

918 — D, *Qui ja l'aussient.*

920 — D, *Quant il li orent.*

921 — D, .VII. *leus.*

922 — B remplace ce vers et les deux suivants ainsi :

> Qant dant Constans l'ot adenté,
> Li forestier li a crié :
> « Sire Costans, por Diu merchi,
> Le glorieus qui ne menti.

925 — B, C, *Ne me laissiés.* D, *Ne me laissier.* — B, C, D, *as chiens.*

926 — B, *vous toudrai.* C, *torrai toi.* D, *te demant.*

927 — C, D, *Dant Costanz les gaignons.* — Ce vers et les cinq suivants manquent à B.

928 — C, *Qu'il devant avoit.* D, *Qui l'orent darrier.* — C, D, *et en coste.*

930 — C, D, *tint.*

932 — Ce vers manque à C.

933 — B, *Lors lieve le cri et la noise.* D, *Ez vos les gens qui les engrese.*

934 — B, *Tout li peules.* — La fin de la pièce n'est pas la même dans B, qui n'a qu'un petit nombre de vers pareils à ceux de C et D :

> I est erramment (tres)tot venu
> Trestout li grant et li menu,
> Mais onques ne les reconneurent,
> Por chou ke tout enploumé furent,
> Dessi là que il se nommerent.
> A lor oster les enporterent ;
> Che ne sai jo se il garirent
> Ne coment en après le fisent,

> Mais il dient par la contrée :
> « Bien s'est dame Ysabiaus provée. »

935 — C, *I acorent*. D, *La acorent*.

936 — Ce vers est suivi d'une fin commune à C et à D. Ce sont d'abord ces deux vers empruntés à B :

> Por ce que mal atornez furent,
> Poi de lor voisins les connurent.

(De ces deux vers, D passe le premier et change ainsi le second :

> Plus de lor voisin ne s'en murent.)

Puis vient une série de vers qui se retrouvent sans variantes dans C et D :

> Devant ce que il se nommerent,
> Lor mesnie les enporterent
> A tot la dolor qu'il soffrirent.
> Mais ge ne sai s'il en garirent,
> Mais j'oï dire en la contrée
> Que la dame s'estoit provée
> Comme preude feme et veraie,
> Qui mout tost ot conté sa paie.

Cette histoire bien connue est originaire de l'Orient (voy. M. Landau, *Die quellen des Decamerone*, 50-51), et fait partie des *Mille et un Jours*, sous une forme un peu différente. Elle a servi de thème au conte des *Rémois* de La Fontaine, qui l'a empruntée à Boccace (*Journ.* VIII, *nouv.* 8). Au moyen âge on la retrouve aussi dans le *Dolopathos*, d'où elle a passé dans Boccace et dans toute la série des conteurs : Straparole (*Nuit* II, 5), Bandello (*Part.* III, *nouv.* 20), Sansovino (*Journ.* IX, *nouv.* 8), Bouchet (*Serée* 32), etc., etc. Dans les *Contes russes* (voy. dans notre recueil le vol. III, 334-335), deux nouvelles présentent de grandes analogies avec le fabliau français (*Contes* 64ᵉ et 65ᵉ, p. 144 et 152).

CVII. — DE LA PUCELE QUI ABEVRA LE POLAIN, p. 199.

Publié par Méon, IV, 197-204.

Vers 6 — * C'uns; ms., C'un. — Après ce vers, le ms. ajoute à tort :

>Grant avoir avoit amassé.

14 — * oïr; ms., ooir.
23 — * foiz; ms., foi.
53-54. — Ces deux vers ne riment pas, mais assonnent; comme aussi les vers 108-109.
58 — * estes; ms., estet.
59 — * Se; ms., Et.
65 — * isnel le; ms., isnele.
74 — ms., parleroiz, forme dialectale. Si on l'admet, il faut alors changer le « fiancerez » du vers précédent en fianceroiz.
75 — * c'est il; ms., il est.
80 — Il faut lire en tête de la p. 201, à gauche, non pas 180, mais 80, chiffre qui indique la numérotation des vers.
88 — * Toz; ms., Tot.
119 — * couchie; ms., couchiée.
148 — * menton; ms., meton.
200 — * il; ms., el.
219 — * Abevré l'a; ms., Aboivre le.

Voyez, sur l'idée qui a inspiré ce fabliau, notre troisième volume, p. 342-343, et plus haut, dans ce volume quatrième, p. 277-278.

CVIII. — De la Pucele qui vouloit voler, p. 208.

A. — Paris, Bibl. nat., Mss. fr., 1593, fol. 184 r° à 185 r°.
B. — 〃 〃 〃 25545, fol. 5 r° à 5 v°.
C. — Bibl. de Berne, Mss. 354, fol. 43 r° à 44 r°.

Ce fabliau porte dans B le titre suivant : « De la Damoisele qui onques pour nelui ne se volt marier, mais volt voler en l'air », et dans C : « De la Damoisele qui vost voler »; c'est, à peu de chose près, aussi le titre adopté par Legrand d'Aussy.

Publié par Barbazan, III, 228 ; par Méon, IV, 271-276 ; et donné en extrait par Legrand d'Aussy, IV, 318-319.

Vers 1 — B, C. *damoisele vos.*
2 — B, *Raconter.* C, *Conter.* — B, C, *qu'onques ne virent oil.*
3 — B, *Plus.* — « riens » manque à C.
4 — B, C, *Et de.* — B, *bonté.* C, *biauté.* — B, C, *grant los.*
5 — B, C, *de chevaliers.*
6 — B, C, *Et de.* — B, C, *et d'escuiers.*
7 — B, *souventes fois.*
9 — B, *De nul [la] parole.* C, *la priere à nul.*
10 — C, *qu'el voudroit.*
11 — Ce vers et le suivant manquent à C.
12 — B, *Si bien que uns oisiaus ou plus.*
13 — C, *plusors genz.* — Ce vers et le suivant manquent à B.
14 — C, *A merveilles.* — « Et » manque dans A.
15 — Ce vers est précédé dans B et C des six vers suivants :
Dans B :

> Eles li fist .1. damoisiaus
> De cire et de pennes d'oisiaus :
> Es bras et ens costés li mist;
> Et, bien sachiez, mout s'entremist
> De li cointement atorner.
> Mais ains por ce ne post voler.

C change le singulier en pluriel :

> Eles li firent damoisel
> De cire et de pennes d'oisel :
> As bras et as costez li mistrent,
> Et, ce sachiez, mout s'entremistrent
> De li cointement acesmer.
> Mais ainz por ce ne pot voler.

16 — B, C, *ce sachiez bien.*

17 — B, *Qu'il.* — *covendra.* A, *covient.* — B, C, *atorner.*

18 — A, *se vos.*

19 — C, *Que bec vos.* — Ce vers et le suivant manquent à B.

20 — C, *ce sachiez de voir.*

21 — C, *Et nus.* — B, *Nus oisiaus sanz coe.*

22 — B, *Je croi mout bien.* C, *Je grée bien.* — Lisez *ceste.*

23 — B, C, *Fait.* — B, *or l'otroi.* C, *je l'otroi.*

24 — B, *Quant la fera.* C, *Qui sera ce.*

25 — B, *ce dit li clers,* « *je sui.* — C, *Damoisele,* » *fait il,* « *je sui.*

27 — Ce vers et les trois suivants sont remplacés dans B :

> Tout près de faire vo servise
> Bel et bien, à vostre devise.
> A voler bien vous aprandrai,
> Car l'art dou faire bien en sai :
> Bec, eles et coe vos faut
> Por vous faire voler en haut,

> Et bien les convient atachier
> Por vos en l'air faire voler.

28 — C, *Et miaus fet qu'il n'a nul espec.* — Il faut corriger « nule » en *nul*.

30 — C, *Que poons, que ja.* — Lisez *n'i*.

31 — B, *Tout dui en la* (vers faux).

34 — B, *Et par maintes.*

35 — C, *Ele demande.* — Il faut supprimer « Et » que A a ajouté à tort.

36 — B, *Cis dit.* C, *Il dit.* — B, C, *que le bec.* — Ce vers est suivi dans B de huit autres :

> Et puis la courut accoler
> Pour li faire plus tost voler;
> Et l'ambrassa estroitement
> Et restraingni faitissement.
> Mout se pamme de plaire à li
> Pour avoir le solas de li.
> Cele demande qu'il faisoit:
> Il dist les eles li cousoit.

37 — B, *Faites les vos.* C, *Fet lo l'en donc.*

38 — par. B, *sà.*

39 — C, *Que la coe i enterai.* — Ce vers et les trois suivants sont remplacés dans B par deux autres :

> Car je vos veul la coe faire
> Dont je vos oï dementoire.

40 — dit. C, *fet.*

42 — ne fouilliez. C, *n'i failloiz.*

43 — B, C, *Cele se torne à estoupons.*

44 — B, *Et [il li] fiert.*

45 — ou con. B, *ens cors.*

46 — B, *La damoisele li a dit.*

47 — « li » manque dans A. — B, *qui li fait.* — C, *Et demande comment ce vet.*

48 — B, *Cis li dit.* — C, *sa.* — B, *fait.* C, *li fet.* — Ce vers est suivi dans B de quatre autres :

>Et la besoinge par compas :
>« Ne veul pas que ce soit à gas,
>Que la chose ne soit bien faite. »
>Et sil de bien servir se haite.

49 — dit. C, *fait.* — B, *Or tost, car mout bien.*
50 — B, *bien et si.* — B, C, *l'atachiez.*
51 — B, *Si trés forment.*
53 — B, C, *Quant je de vos departirai.*
54 — C, *Bien cuit que je.* — B, *Que bien croi que je volerai.*
55 — C, *adès en l'angle.* — Ce vers et le suivant sont remplacés dans B par quatre autres :

>Li clers entent à son affaire
>Et pense de sa coe faire ;
>Ne li chaut gaires c' ele hoingne ;
>Mout bien entant à sa besoingne.

56 — C, *Cui il n'est.*
57 — B, *il ot fait tout.* C, *ot de li fet.*
58 — B, *En lit.* C, *El lit.* — B, *tost errement.* C, *de maintenant.*
60 — dit. C, *fet.* — B, C, *dont n'iert hui.*
61 — C, *Ceste qeue tote.*
63 — « Et » manque dans A. — C, *La boche li bese et la face.* — Ce vers et les neuf suivants (63-72) sont remplacés dans B :

>Dou bec, des eles encement
>Ne me chaut il certes nient ;
>De la coe sur toute rien
>Vos pri que vous l'atachiez bien.
>— Damoisele, par saint Amant,
>Ele ne sera faite avant.
>— Clers, par la foi que je vos doi,
>De l'autre afaire m'e[s]t à poi.

64 — C, *Et si li prie que il face.*
65 — C, *li salt.*
66 — C, *Do bec,* » fet ele, « *ne.*
67 — C, *Ce puet assez metre.*
69 — *li.* C, *la.*
71 — *Que.* C, *El(e).*
72 — *dit ele.* C, *fet el.* — Dans ce ms., « Jehan » est donc de deux syllabes, ce qui est meilleur pour le rhythme : on peut donc corriger « dit ele » en *dit el.*

73 — B, C, *Ja de moi ne departirez.*
74 — B, *Desi que faite l'averez.* C, *Devant que vos fete l'avroiz.*
75 — B, *plait.* — Ce vers et le suivant sont remplacés dans C :

> Il remest o la damoisele,
> Car la parole li fu bele.

76 — B, *Qu'il soit avec.*
77 — « Et » manque dans A. — Ce vers et le suivant sont remplacés dans B et C :

> De la coe mout s'entremist :
> Chascun jour un petit en fist.

Le vers 77 n'est pas tout à fait semblable dans C :

> Et de la qeue s'entremist.

79 — B, *i point.* C, *l'enpaint.* — B, C, *et tant i hurta.*
80 — Ce vers est suivi dans B de huit autres :

> La coe li a si antée
> Qu'ele est en cors enracinée,
> Si bien que ja n'en istera
> Jusqu'à tens qu'ele enfentera.
> Cele à la terre se roilloit
> Qui devant haut voler vouloit,
> Et se clamme lasse chetive :
> Mieus vorroit morir qu'estre vive.

81 — B, « *Ha!* dans. C, *Et dit.*

83-88 — Ces vers sont remplacés dans B par quatre autres :

> Bien savez engignier la gent ;
> Appesantie suis forment,
> Ne me puis ceindre ne lever :
> Or ne porrai jamais voler. »

Et dans C par six autres :

> Je quit que je soie engrossiée ;
> Malement m'avez engigniée.
> Je ne puis seulement aler :
> Comment porroie je voler ?
> Empiriée sui durement ;
> Bien savez engigner la gent.

89 — B, « *Damoisele.*

91 — B, *Car.* C, *Que.*

92 — * A, *Et iestes pas empiriée.* — B, *Ains ne recreüstes de moi.* C, *N'iestes pas descreüe en moi.*

93 — B, *c'est* (vers faux).

94 — B, *trop estoit.* — B, C, *grant desmesure* ; leçon à adopter.

96 — B, *or ouvrer.* — C, *Trop par en faites à blasmer.*

97 — C, *De poi.* — Ce vers et les trois suivants manquent dans B.

98 — fu. C, *l'a.*

99 — C, *Con vos poez ici oïr.*

100 — dut. C, *doit.*

102 — B, *Por ceste dame.*

103 — trop. B, *si.*

104 — B, *A cui la coe fu.* C, *Issi li fu la qeue.* — Le ms. C s'arrête ici et n'a pas les quatre derniers vers ; le ms. B remplace ces quatre vers par les suivants :

> C'onques ne se vout marier

> A nelui, tant la seut prier.
> Or soupire, or plore des ieus ;
> Bien est abatus ses orguieus
> Par .I. vallant clerc et estrange
> Qui ainsis l'a laissiée au lange.
> Mout en y a ancor de celes
> Et des dames et des puceles
> Qui tout ainsis le font ou pis,
> Qui avrient bien de bons maris,
> Mais ne daignent, qu'orguieus les vaint.
> Ainsis en voi maintes et maint :
> Les unes sont si pou estables
> Forgier se font en ses estables
> A garçous ou a charretiers,
> Qui puis en ont mavais luiers ;
> Les autres prenent .I. vilain.
> Por ce vous consoil je de plain,
> Vous qui avez oï cest conte,
> Orguieus, desdaing ne vous sormonte ;
> Mariez vos selonc le tens,
> Adonc quant lieus en iert et tens.

Ce conte qui n'est pas de Rutebeuf, malgré l'« avis » de Fauchet (*Œuvres*, fol. 578 v°), a été imité par Boccace (*Journ.* IX, *Nouv.* 10); et La Fontaine a reproduit la donnée du sujet dans la *Jument du compère Pierre* (Cf. M. Landau, *Die Quellen des Decamerone*, 46).

CIX. — Du Vilain de Bailluel, p. 212.

A. — Paris, Bibl. nat., Mss. fr., 837, fol. 242 v° à 243 r°.
B. —   »   »   » 12603, fol. 239 v° à 240 r°.
C. —   »   »   »   » fol. 255 r° à 255 v°.
D. — Bibl. de Berne, Mss. 354, fol. 102 v° à 103 v°.

Ce fabliau porte un autre titre dans B et C : « Du Vilain qui quida estre mors », et un autre dans D : « De la Dame qui fist son mari mort ». Il était sans doute aussi connu sous le nom de « Dame Erme », car c'est de la sorte que le désigne la pièce des *Deus Bordeors ribauz* (I, p. 11).

Publié par Ach. Jubinal, *Nouveau Recueil*, I, 312-316; et donné en extrait par Legrand d'Aussy, IV, 218-219.

Vers 2 — *il, ce.* D, *ice.*

3 — « Bailleul » est le nom de plusieurs localités du Pas-de-Calais et de la Somme; l'auteur était évidemment Picard.

7 — B, C, *tous ert en plus.*

8 — B, C, D, *Mout.* — B, C, *gros et malostrus.*

9 — D, *Maufez ert.* — B, *Mauvais.* C, *Maufais.* — B, C, *estoit, s'ot.*

11 — D, *Noirs estoit.* — B, C, *Quar il ert fols.* — B, C, *plain.*

12 — B, C, *Ele amoit mieus.*

13 — B, C, *Ele ot mis jour ensamble à estre.* D, *Plait avoient mis d'ansamble estre.*

14 — B, C, *.I. jor.* D, *Cel jor.*

15 — D, *Cel ot bien.*

16 — D, *Lo vin fu mis par son consoil.*

17 — D, *El baril; si ot.*

18 — D, *Et boens.*

19 — B, C, *S'estoit.* — D, *Erent covert de la.*

21 — « Et » manque dans B et C. — Cette faute, commune aux deux mss., prouve bien qu'ils sont de la même famille; C, ayant de plus certaines fautes à lui propres (cf. v. 23, 40, etc.), a été copié sur B, ou sur un ms. de la même famille. — B, C, *malaise.*

22 — B, C, *a ouvert.* D, *fait ovrir.*

23 — B, C, *Qui encontre lui est.* — B, *corue.* C, *venue.*

24 — B, C, *N'eüst cure de.*
26 — B, C, *Puis dist por ce.* — Ce vers et le précédent manquent à D.
27 — D, *Come cele.* — B, C, *set de sort.*
28 — B, C, *Mieus l'amast.* — que. D, *et.*
30 — B, C, *Con vous estes de faim ataint.* D, *Com je vos voi pali et taint.*
31 — que. B, C, D, *fors.*
32 — B, C, *Car j'ai si faim que.* D, *Amie,* » fait il. — B, C, D, « *je me muir.*
33 — B, C, *Fait chil.*
34 — certes. B, C, *sire.*
37 — B, C, *Çou poise moi.* — Ce vers et les trois suivants manquent à D.
38 — B, *jour ne voel je vivre.* C, *jamais ne veul vivre.*
39 — B, C, *dessamblerez.*
40 — B, *m'estes.* — Ce vers manque à C.
42 — D, *Dites vos voir?*
43 — B, C, [*si*] *bien.* — D, *Mout bien la.* — Ce vers et le suivant sont intervertis dans B, C et D.
44 — D, *pas que je me.*
45 — D, *encor mout.*
46 — D, *Ce est.*
47 — B, C, *Vous loie le cuer.* D, *Qui vos tost lo piz.*
48 — B, C, *Qu'il n'a en vous fors que une ombre.* D. *Ce est la morz qui vos encombre.*
49 — B, C, D, *touchera.*
50 — B, *dont* [*tost*]. C, *tost dont.* D, *don tost.*
51 — B, C, D, *cil.* — B, C, D, *puisque sui.*
52 — B, *le haste.* D, *le coche.*
53 — C, *Celi.* — B, C, *engingnier.* D, *decevoir.*
54 — B, C, D, *li fait.*
55 — B, C, *d'estrain et.* D, *de fuerre et.*

56 — D, *Et d'un.*
57 — D, *Si.* — B, C, *deviest et.* — D, *et si le.* — C, *puis le.*
58 — B, C, *li clot et puis.*
59 — D, *Si se.* — B, C, *sous.* — Ce vers et le suivant sont intervertis dans C.
60 — B, C, D, *Sire.* » — D, *fait.*
64 — D, *jut sor.*
65 — B, C, D, *cuidoit.*
66 — D, *s'an cort.*
67 — B, C, *envoisie et cointe.* D, [*et*] *joieuse et cointe.*
69 — B, *Entre li a* (vers faux). C, *Entendre li* (a). D, *Qu'antendre li.*
70 — B, C, D, *Lors fu cil.*
71 — B, *lor est* (vers faux). D, *Qant ensi l'an.*
72 — B, C, *Lors sont ensamble.*
74 — D, *Qant.* — B, C, *entra.* D, *en entre.*
75 — B, C, D, *Si commence à dire.*
76 — C, *sa fame.*
77-78 — Ces deux vers sont remplacés dans B et C :

>   Mais de son oil nen issi lame :
>   Bien se savoit faindre la dame.

Les vers 77-80 sont remplacés dans D :

>   « Amis », fait ele, « com suis lasse ! »
>   Li prestres ne di pas grant masse.

80 — *fist.* B, C, *a.*
81 — D, *N'ot cure.*
82 — B, C, D, *Par la main.*
83 — B, C, *Si l'en mena en.* D, *Si l'a menée à.*
87 — C, *Cil desus.*
88 — B, C, *qui vit la.*

89 — B, C, D, *estoit couvers.*
90 — « il » manque à C. — B, C, D, *les ieus.*
91 — B, C, D, *Si a veü.* — D, *lochier.*
92 — B, C, *Et le caperon baulloier.* D, *Et lo noir chaperon hochier.*
93 — D, *vit que c'est.*
95 — D, « *Dan prestres.*
97 — « vous » manque à B.
98 — B, C, *Onques ne fustes mieus.* D, *Onques hom ne fust si.*
99 — B, C, D, *fuissiés ja.*
100 — B, C, *dist il.*
101 — B, C, *Bien.* D, *Mais.*
102 — B, C, *J'i fuisse venus.* D, *Je venisse.*
103 — *que.* D, *com.*
104 — D, *por ce que.*
105 — D, *M'en.* — B, C, *il estre auques.* D, *il estre assez [de].*
106 — B, C, *tout cois, cloez.* D, *jus, recloez.* — B, *les ieus.*
107 — B, *Ne.* — B, C, *pas.*
108 — B, C, D, *Et li vilains s'est.*
109 — B, C, D, *Si se commença.*
111 — B, C, *Sans douter et.* D, *De la dame.*
112 — B, C, *Mais je ne vous sai.* D, *Mais ce ne sai je.*
113 — C, *l'endemain.*
114 — C, *au derrain.* D, *à la fin.*
116 — B, *croit mieus.*

Les imitations modernes que l'on cite de ce conte ne sont que très éloignées; Bonaventure Desperriers, Pogge, d'autres encore, n'ont reproduit ce fabliau que par à peu près. Boccace n'est pas plus fidèle (*Journ.* III, *Nouv.* 8); et c'est à ce conteur que La Fontaine a emprunté *Féronde* ou *le Purgatoire*, nouvelle qui n'a pas grande ressemblance avec notre texte en ancien français.

TABLE DES FABLIAUX

CONTENUS DANS CE VOLUME

Pages

Fabliau LXXXIX. Du Prestre qu'on porte ou de la Longue nuit . . . 1

— XC. De la Male Honte (par Guillaume le Normand) . . 41

— XCI. Du Clerc qui fu repus deriere l'escrin (par Jean de Condé) 47

— XCII. Du Provoire qui menga les meures (par Guérin) . . 53

— XCIII. De Berengier au lonc cul . 57

— XCIV. Des Tresces 67

— XCV. Le Vilain de Farbu (par Jean de Boves) 82

— XCVI. Estula 87

— XCVII. De Barat et de Haimet ou des Trois Larrons (par Jean de Boves) . . . 93

— XCVIII. De Jouglet (par Colin Malet) . 112

		Pages
Fabliau	XCIX. Des .III. Dames	128
—	C. De la Dame qui fist batre son mari	133
—	CI. De Porcelet	144
—	CII. De Celui qui bota la pierre.	147
—	CIII. De Brifaut	150
—	CIV. Do Pré tondu	154
—	CV. De la Sorisete des estopes.	158
—	CVI. De Constant du Hamel. .	166
—	CVII. De la Pucele qui abevra le polain	199
—	CVIII. De la Pucelle qui vouloit voler	208
—	CIX. Du Vilain de Bailluel (par Jean de Boves) . . .	212

Notes et Variantes du quatrième volume . 217

A PARIS

DES PRESSES DE D. JOUAUST

Imprimeur breveté

Rue Saint-Honoré, 338

www.ingramcontent.com/pod-product-compliance
Lightning Source LLC
Chambersburg PA
CBHW060514170426
43199CB00011B/1444